Manuale Di Manipolazione Mentale

I Segreti Della Psicologia Oscura, Guida Avanzata
Sulle Tecniche Per Convincere Le Persone E
Influenzare Le Loro Decisioni

ALEXANDER HÖFLER

"La manipolazione è alla base dell'interazione sociale."

-Brandon Sanderson.

DISCLAIMER

Questo manuale ha lo scopo di fornire al lettore un quadro espositivo completo dell'argomento oggetto dello stesso," Manuale Di Manipolazione Mentale : I Segreti Della Psicologia Oscura, Guida Avanzata Sulle Tecniche Per Convincere Le Persone E Influenzare Le Loro Decisioni" Le informazioni in esso contenute sono verificate secondo studi scientifici, tuttavia l'autore non è responsabile di come il lettore applichi le informazioni acquisite.

Indice

Introduzione

Se hai acquistato questo libro sicuramente stai cercando tutte le informazioni riguardo la manipolazione mentale e come questa può essere applicata in contesti diversi che fanno parte della quotidianità di un essere umano.

Presta bene attenzione al significato di "manipolazione", spesso infatti a questo termine viene etichettata un'accezione negativa, quasi come se queste tecniche vengano applicate da persone malvagie. Tutt'altro invece.

Devi sapere che la manipolazione mentale non deve essere obbligatoriamente intesa come un qualcosa di orrendo, ma si tratta di un insieme di tecniche che fanno riferimento a dei pattern comportamentali umani.

Non esiste il giusto o sbagliato, molto più semplicemente sta a te capire in che modo utilizzare queste tecniche di manipolazione. Potresti utilizzarle a fin di bene per rendere un beneficio alla comunità oppure semplicemente per soddisfare i tuoi interessi personali.

Nel corso della lettura ti mostrerò anche alcuni esempi e ti accompagnerò in questo percorso fatto di teoria, ma anche di molta pratica in modo tale che tu possa applicare quanto spiegato fin da subito.

Come ogni altra materia di studio deve essere necessariamente messa in pratica giorno dopo giorno per poter padroneggiare l'abilità della manipolazione mentale.

CAPITOLO 1
La manipolazione mentale

Quando due persone comunicano ed interagiscono fra loro, condividono inevitabilmente pensieri, emozioni, informazioni, punti di vista.

Le tue idee, le tue azioni o i tuoi atteggiamenti possono avere un forte impatto sugli individui con cui entri in contatto: le relazioni umane, infatti, non sono altro che il frutto di un'interazione continua e reciproca influenza.

Quest'ultima può avvenire anche in maniera del tutto involontaria o inconsapevole: pensa, ad esempio, a tutte quelle volte in cui hai espresso un tuo pensiero in maniera convincente, riuscendo a portare qualcuno dalla tua parte.

Sono meccanismi inevitabili, in quanto ogni essere umano è un sistema aperto e, come tale, è facilmente suggestionabile.

Ma cosa succede quando, alla base, esiste l'intenzione, la volontà di indurre qualcuno ad adottare un dato comportamento o agire in un determinato modo? Ti sei mai chiesto se, almeno una delle tue scelte o delle tue azioni, non sia in realtà il frutto di pressioni esterne, di cui non ti sei accorto ed a cui ti sei adattato in maniera inconsapevole?

Quando parliamo di manipolazione facciamo riferimento ad un tipo di ''scorciatoia'' relazionale attraverso cui un soggetto, attuando una pressione implicita, riesce ad indurre un altro soggetto a fare qualcosa o a pensare in un certo modo.

Colui che mette in atto questo comportamento, il ''manipolatore'', agisce per soddisfare interessi personali o per l'ottenimento di un dato beneficio.

La manipolazione, dunque, non è altro che un tipo di influenza che fa leva sui fattori interni e soggettivi dell'individuo, che viene dunque condizionato senza che nemmeno se ne accorga.

Il termine ''manipolare'' proviene dal latino e deriva da manipulus, ovvero ''manciata'' (di erbe medicinali): inizialmente era utilizzato per operazioni prevalentemente di natura manuale quali, ad esempio, mescolare degli ingredienti, plasmare un dato materiale.

A partire dal XIX secolo il concetto è stato traslato anche alle relazioni umane, fino a rientrare nel linguaggio comune.

Negli ultimi decenni, soprattutto, sono state la psicologia sociale e la microsociologia ad occuparsi di manipolazione: Erving Goffman, famoso sociologo dello scorso secolo, è stato il primo ad analizzare tutte quelle tecniche che ci permettono, anche in maniera inconsapevole, di avere un controllo su ciò che gli altri pensano di noi e sulle loro impressioni, in maniera tale da volgere a nostro vantaggio ogni situazione.

Ancora, i semiologi Greimas e Courtès intendono con il termine manipolazione ''un azione dell'uomo su altri uomini tendente a fare loro eseguire un dato programma''.

Il comportamento manipolativo rientra ormai nella normalità e viene attuato in maniera più o meno velata sia in contesti di natura relazionale (famiglia, amicizie, partner) che professionale (colleghi, datori di lavoro), estendendosi dalla vita privata ad addirittura il contesto aziendale.

Ancora, possiamo riscontrare questo tipo di fenomeno: in politica, poiché sono sempre di più i leader e gli esponenti che si affidano ad una comunicazione di tipo manipolativo per coinvolgere il maggior numero di persone possibile; nei mass media e nei vari veicoli di informazione; nelle pubblicità e nei messaggi promozionali, il cui fine è attrarre i consumatori e convincerli ad acquistare uno specifico prodotto.

La manipolazione è spesso descritta con connotazione negativa. Ciò nonostante è possibile, secondo l'esperto di psicologia cognitiva e sociale Ryan James, distinguerne due tipi, in base all'utilizzo che ne viene fatto:

- Manipolazione negativa: il manipolatore mette in atto, a fini essenzialmente egoistici, metodi subdoli ed argomentazioni false o ingannevoli per convincere un altro soggetto a fare qualcosa.
La vittima è il più delle volte una persona insicura ed emotivamente fragile.
Per citare qualche esempio, possiamo fare riferimento alle tattiche di manipolazione utilizzate dalle organizzazioni terroristiche o alle sette religiose;

- Manipolazione positiva (o etica): altrimenti riconosciuta come ''persuasione'', è il metodo attraverso cui si cerca di agire sul pensiero o sul comportamento altrui per un fine benefico e altruistico.

La comunicazione, in questo caso, è chiara, diretta ed onesta e fa leva su un certo grado di fiducia da parte del destinatario.

Il consenso avviene in maniera consapevole.

Dunque, dovendo stabilire un confine fra linguaggio persuasivo e manipolazione, potremmo dire che la differenza sta nelle intenzioni e nella consapevolezza che si sta agendo con principi etici, e quindi senza la volontà di manipolare per averne un qualche tipo di tornaconto.

Immagina, ad esempio, di essere un medico, e di ritrovarti in una situazione in cui devi convincere un paziente a seguire in maniera costante e corretta una terapia: lo faresti a fin di bene e il tuo scopo sarebbe unicamente la salvaguardia della salute del tuo paziente.

Nei capitoli successivi avrai modo di capire quanto la manipolazione sia un fenomeno assolutamente attuale e di come possa costituire un'arma a doppio taglio, a seconda dell'utilizzo che si decide di farne.

Il giusto manipolatore

È possibile definire quattro elementi che caratterizzano chi fa uso della manipolazione consapevole:
• Un manipolatore utilizza la manipolazione come prevalente o unica forma di relazione
• Un manipolatore ha un impellente bisogno di potere
• Un manipolatore ha bisogno di controllo
• La sopraffazione dell'altro come affermazione della propria identità.

Un manipolatore è una persona molto abile e con connotazioni di tipo psicopatico, caratterizzate da uno spiccato narcisismo e che non sono predisposte alle relazioni sociali ed hanno un senso morale contraddittorio.

Un manipolatore non prova inoltre senso di empatia, normalmente non rispetta le più comuni regole sociali ed è un individuo egoista e accentratore, una persona interessata esclusivamente a sé stesso, al proprio potere ed alle proprie necessità.

Queste persone sono il più delle volte predisposte alla manipolazione e per loro manipolare il prossimo è una pratica connaturata con il proprio essere e facente parte della loro stessa natura.

La loro capacità innata nel manipolare le menti fa sì che siano sempre circondate da persone buone, ingenue e fiduciose, tutte quelle persone che usualmente riescono ad entusiasmarsi facilmente.

A prima vista sembrerebbe molto facile riconoscere un manipolatore ma la realtà è completamente diversa.

Il manipolatore non si presenta mai come uno psicopatico o come un sociopatico.

Non bussa alla vostra porta presentandosi come manipolatore, "Ehi, io sono un manipolatore e sono qui per distruggerti la vita!".

Un manipolatore si presenta come la più buona delle persone, sensibile, empatica, altruista, praticamente l'esatto opposto di ciò che in realtà è.

Molte volte egli sfrutta la debolezza delle persone e conosce sempre le loro necessità e fa sì di interessarsi a queste in modo da acquisire fiducia e potersi inserire nello spazio personale della vittima.

Le debolezze sono la vera forza del manipolatore: a volte si pone lui stesso come un individuo debole, come una persona bisognosa, in modo da poter sfruttare la propria falsa debolezza per carpire la fiducia altrui.

Dopo i primi periodi il manipolatore tende a tirare fuori il suo vero carattere: la sua caratteristica di base è la sua convinzione che tutto sia lui dovuto e che coloro che lo circondano devono sacrificarsi per lui.

Questa è una convinzione talmente radicata che il manipolatore non ha mai la necessità di dover ringraziare per gli sforzi che gli altri compiono per lui.

Generalmente un manipolatore è un individuo ambivalente, spesso desiderabile e che riesce ad ottenere tanto più di quanto lui abbia inizialmente concesso.

Nonostante abbia a cuore solo il suo benessere ed il suo tornaconto personale, riesce comunque a far stare bene la propria vittima.

Costei, succube del manipolatore, si sente amata, desiderata, importante nonostante non ci sia mai una vera e propria relazione tra le due persone.

Situazioni idilliache sono spesso interrotte da momenti in cui il manipolatore dimostra tutta la sua malvagità e tende a colpevolizzare la vittima.

Questa forma di violenza psicologica porta la vittima a perdere consapevolezza, fiducia nei propri mezzi e ad azzerare la propria autostima, rimanendo dunque rinchiusa in trappola.

10

Molte volte un classico manipolatore può essere confuso con una persona con disturbi della personalità o affetta da disturbo bipolare, dato che riesce a comportarsi in modi diametralmente opposti.
La vittima in questa situazione è confusa e non riesce a distinguere ciò che è vero da ciò che è falso.
Il manipolatore passa infatti da uno stato aggressivo in cui critica apertamente la propria vittima ad uno stato di debolezza, solitamente caratterizzato da bugie e falsi sensi di colpa.
Un manipolatore è dunque generalmente una personalità disturbata e patologica che vive nutrendosi dell'energia delle sue prede e che ha atteggiamenti tali da destabilizzare le sue vittime.

Possiamo individuare tre principali fasi in cui egli si muove:
nella prima fase si pone come il partner ideale o come una persona che ha a cuore le necessità della vittima;
nella seconda fase si concentra nell'acquisire la piena fiducia da parte della vittima;
nella terza fase fa leva sulle fragilità ed i bisogni profondi dell'altro iniziando a criticare, a disprezzare, a colpevolizzare, a ricattare utilizzando modi di fare vaghi e contraddittori ed una comunicazione volutamente nebulosa.

Da persona gentile ed affabile si trasforma in un essere intollerante, prepotente e che non vuole ricevere rifiuti.
Inizia inoltre a mentire e a simulare malessere e disagio.
Non di rado alterna differenti stati d'animo per creare appositamente una forte altalena emotiva nella sua preda in modo da destabilizzarla ulteriormente.
Ad esempio le offese e le svalutazioni possono alternarsi ad atteggiamenti valorizzanti, a complimenti o gesti di affetto ed attenzione che mirano a tranquillizzare temporaneamente la vittima.

Riepilogando, un manipolatore:
•   Necessita di avere sempre ragione per sentirsi potente e sentirsi aicuro di sè
•   Impone sempre la propria visione del mondo
•   È rigido, falso e ipocrita
•   Ha comportamenti aggressivi (a volte alternati con comportamenti passivi)
•   È un narcisista

- Desidera il controllo
- È solitamente irritabile e violento
- Può presentare disturbi della personalità.

Come difendersi dal manipolatore

La manipolazione mentale è un metodo subdolo, utilizzato alcune volte anche in modo del tutto inconsapevole, per ottenere che gli altri compiano azioni o gesti in contrasto con la propria volontà e mirati a soddisfare esclusivamente i bisogni del manipolatore.
La conoscenza della manipolazione mentale è utile per poter riconoscere coloro che attuano questa forma di violenza psicologica.
È giunto dunque il momento di capire come fare per evitare di incorrere in situazioni spiacevoli.

Ascoltarsi

Il famoso sesto senso che è presente in ognuno di noi. Ascoltarsi quando non siamo perfettamente a nostro agio in una determinata situazione può aiutarci a capire cosa non va bene. Bisogna dunque prestare attenzione alle emozioni e alle sensazioni che proviamo verso la persona che ci troviamo di fronte.

Ricordare le tecniche iniziali

Nei capitoli precedenti abbiamo analizzato i quattro step iniziale del processo di manipolazione mentale.
Solitamente l'approccio non si discosta mai tanto dalla linea descritta e dunque, ricordandosi attentamente le tecniche utilizzate in quella situazione iniziale, è possibile riuscire ad adottare le dovute contromisure.
Questo di agire accomuna sia i manipolatori seriali sia tutti coloro che naturalmente sono portati inconsapevolmente ad utilizzare un approccio molto simile.

Estraniarsi

La tecnica del vedere le cose da un'altra prospettiva è utile per capire ciò che potrebbe pensare un osservatore esterno, assolutamente imparziale, nell'osservare una determinata situazione.
Questo momento di riflessione serve non tanto a capire il comportamento di un possibile manipolatore ma come tu hai risposto ai suoi stimoli.
Questa riflessione può essere attuata anche mentre si è nel mezzo di una discussione, cercando di ritagliarsi un momento per ragionare quando il corpo ci invia segnali di disagio.
Rifiutarsi di fare qualcosa non è sbagliato e il manipolatore continuerà a manipolare fino a che glielo si permetterà.
Per cui è importante imparare a dire "no" per salvaguardare il proprio benessere.
Ogni richiesta può essere rifiutata, basta farlo educatamente.
Ciò detto bisogna fissare dei limiti e fargli capire che questi non possono e non devono essere superati.
In questi casi la reazione del manipolatore sarà quella di far sentire in colpa l'altro, di farlo sentire inadeguato, per cui è importante comprendere che il problema è il manipolatore.
Ecco perché in questi casi si deve anteporre se stessi e i propri sentimenti a quelli dell'altro.
Bisogna, inoltre, essere sicuri di se stessi perché le persone manipolatrici raggirano e distorcono i fatti per difendersi o anche per rendersi più affascinanti, per cui se il manipolatore afferma che le cose sono andate in un certo modo ma non si è d'accordo bisogna rivolgergli domande semplici sui fatti in modo da raggiungere nuovamente un'intesa.
È di fondamentale importanza ascoltare se stessi e non prestare ascolto solo all'altro, a ciò che dice e ciò che vuole.
Sono molto più importanti le proprie sensazioni, per cui se si avverte oppressione o se ci si sente obbligati a fare qualcosa, se si ha la sensazione di essere continuamente influenzati ad aiutarlo continuamente, queste sensazioni dovrebbero servire da guida per capire fin dove si spingerà il rapporto con questa persona.
Altrettanta importanza ha smettere di sentirsi in colpa.
Prima ci si allontana da questo senso di colpa prima si riesce a riprendere in mano la situazione, occorre perciò non permettere che

il manipolatore interpreti il comportamento della persona manipolata per continuare ad influenzarlo.

È un circolo vizioso dal quale è fondamentale uscire, in questo modo si riduce il controllo che esercita il manipolatore.

Non bisogna permettergli, inoltre, di focalizzare l'attenzione esclusivamente sull'altro.

Non bisogna permettergli durante la conversazione di rivolgere continue domande, e occorre assumere il controllo della situazione.

Può essere utile, quando si è messi sotto pressione porre delle domande inquisitorie esattamente come fa lui in modo che capisca ciò che fa se ne è inconsapevole, o che cambi atteggiamento se lo è.

Tantomeno bisogna consentirgli di mettere pressione per ottenere una decisione veloce o estorcere risposte immediati.

Ognuno ha bisogno dei suoi tempi e ha il diritto di pensare su ciò che vuole per quanto tempo vuole.

Per cui se non si avverte la necessità di rifiutare o accettare velocemente qualcosa si può rispondere che si ha bisogno di tempo per pensare.

In questo modo si evita di assecondarla immediatamente o di ritrovarsi con le spalle al muro.

Se a questa risposta segue il rifiuto dell'offerta avanzata vuol dire che evidentemente non sarebbe stata accettata se fosse stato concesso più tempo.

Se, invece, si insiste per ottenere una risposta immediati si può tranquillamente rifiutare.

Da ultimo, è importante circondarsi sulle relazioni più sane, è meglio passare del tempo con persone che migliorano la via degli altri e non con quelle che in qualche modo ne peggiorino la qualità.

E cosa più importante di tutte è importante allontanare i soggetti manipolatori se possibile.

Se ci si rende conto, che sta diventando difficile o dannoso interagire con una persona manipolatrice, è meglio prendere e mantenere le distanze.

Non sempre le persone possono essere cambiate e farlo non è compito del soggetto che viene manipolato. Se non è possibile allontanarle del tutto si possono limitare le interazioni a quando sono strettamente necessarie.

CAPITOLO 2
La persuasione: 6 punti fondamentali

Robert Cialdini, dal chiaro ed inconfondibile cognome Italiano, è in realtà uno psicologo e professore universitario Americano! Classe 1945, Cialdini, internazionalmente riconosciuto per i suoi studi applicati alla psicologia sociale della persuasione, è l'autore delle pubblicazioni considerate tra le più rilevanti matrici tecnico-concettuali del settore in questione.

Per la stesura del suo libro più celebre, ha lavorato durante ben 3 anni "sotto copertura" ricoprendo diverse mansioni pur di riuscire a raccogliere sul campo le informazioni necessarie a plasmare quella che poi sarà la sua dottrina.

Durante questi 3 anni, è stato un Venditore di macchine usate, ha lavorato nella raccolta fondi per organizzazioni di carità, ha fatto da operatore di telemarketing e lavorato in alberghi sempre con mansioni che lo portassero diretto contatto con la compra-vendita ed il pubblico.

Il libro che ne è risultato "The science of persuasion" è una vera e propria pietra miliare, che dovrebbe essere presente nella libreria di chiunque si approcci a questo genere di disciplina così tanto utile nella vita quotidiana di chiunque viva in una società civile.

In questo libro il Professore è riuscito ad identificare 6 punti, o principi sui quali si basa l'arte della persuasione.

È stato proprio lui ad affermare come alcune persone li utilizzino già, tutti o alcuni in maniera naturale, proprio come farebbe un artista!

Mentre per tutti gli altri la persuasione deve essere affrontata come una scienza, da imparare ed applicare.

Includendo i suoi insegnamenti nel nostro volume, non intendiamo in nessun modo esimerti dalla lettura di prima mano del libro di Cialdini, ed anzi te ne consigliamo vivamente l'acquisto per approfondire ciò che troverai qui.

1.Reciprocità
Se compi un gesto verso qualcun altro, egli si sentirà automaticamente in dovere di ricambiare!
Questo semplice concetto è tra i più sottovalutati nelle tecniche di vendita in generale!

Il Professor Robert Cialdini nel suo libro ci racconta delle tecniche con cui il cameriere regalando una caramella al cliente vedrà incrementarsi la sua mancia sensibilmente!
Ma Cialdini vive in un paese dove la mancia è molto più comune che nel nostro, cerchiamo quindi degli esempi più vicini alle nostre esperienze:

Ti è mai capitato di andare in un ristorante, e che ai tuoi bambini venga portato un semplice giocattolo in modo da intrattenersi? Quanto forte hai poi sentito l'impulso di doverci tornare?
Oppure pensiamo ai banchi di degustazione formaggi che ogni tanto compaiono nei nostri centri commerciali, alcune persone si vergognano se dopo aver degustato gratuitamente non comprano almeno qualcosina.
Sono tutti sistemi che sfruttano questa naturale inclinazione umana alla reciprocità.

Secondo Cialdini lo sfruttamento di questa tendenza a sentirsi in debito verso chi compie un primo gesto nei nostri riguardi, può essere sfruttata per ottenere situazioni anche molto sbilanciate di reciprocità.
Con un semplice piccolo primo gesto, viene infatti a crearsi un debito non richiesto, che dipendendo dal carattere del nostro interlocutore, potrebbe sfociare in una necessità di estinguerlo molto più forte di quel che ci saremmo aspettati, portandoci vantaggi ben superiori al valore in sé, di quel primo piccolo gesto da noi compiuto.

2.Coerenza
Siamo tutti portati in maniera conscia o meno, a pretendere che le nostre azioni e pensieri siano tenuti insieme da un unico filo conduttore di continuità.
Così che quando vogliamo qualcosa di importante da qualcuno, è più facile chiederli prima qualcosa di affine ma più piccolo!

Cialdini fa l'esempio di una associazione ambientalista, che volendo far esporre un cartello, oggettivamente grande e bruttino nei giardini del vicinato, ha prima fatto il giro delle case proponendo di attaccare uno sticker pro ambientalista piccolo piccolo, sul vetro della propria finestra!
È stato solo dopo una settimana che sono ripassati per proporre di alzare la posta, collocando anche il cartello, lo stesso esperimento

ripetuto nel quartiere accanto ma senza passare dallo sticker, ha lasciato in evidenza come questo semplice stratagemma abbia permesso un incremento sostanziale nel numero di persone che ha accettato di esporre il voluminoso cartello.

Uno dei pratici sistemi alla portata di chiunque per sfruttare il principio di coerenza, è quello di portare l'interlocutore a dare il proprio appoggio su un argomento, prima di procedere con la fase di vendita.

Per esempio:
"sei favorevole all'alimentazione biologica?" prima di proporre un qualunque prodotto legato al discorso! Oppure "cosa ne pensi dell'attuale problema ambientale negli oceani?" prima di proporre un detersivo biodegradabile.

In generale portare il nostro interlocutore ad impegnarsi su un macro-argomento lo renderà più permeabile a più specifici temi attinenti o affini, è un po' come la strategia dei piccoli passi nelle diete.

Si comincia con qualcosa di piccolo ed innocuo per poi progressivamente arrivare al punto in questione.

3.Accettazione sociale
Siamo animali sociali! E l'istinto individuale è sempre quello di finire con l'uniformarsi al proprio gruppo di appartenenza.

Per questa ragione i giovani seguono le mode!
Nei paesi o gruppi di persone particolarmente religiosi, verrà dato moltissimo peso ad un certo tipo di reputazione, e quando sappiamo che un libro ha venduto milioni di copie ne saremo innegabilmente più attratti!

Il concetto di "Gruppi di persone" è molto importante per la comprensione di questo punto!
Volendo usare termini più professionali potremmo chiamarli "target di clientela", ed è di vitale importante riuscire a stabilire bene le caratteristiche del nostro target, se non vogliamo incidentalmente finire col dire an un signore di 60 anni, che tale videogioco è perfetto per lui perché è stato valutato 5 stelle da milioni di ragazzini!

"Tutti gli altri genitori dei miei amici li hanno lasciati andare"

Questo è invece un esempio di perfetta strumentalizzazione dell'accettazione sociale a proprio favore.
Riusciremo di fatto ad utilizzare a nostro vantaggio questo punto sempre meglio, nella misura in cui saremo in grado di identificare il target nel quale si colloca il nostro interlocutore!

4.Empatia
Siamo più disposti a farci influenzare dalle persone che ci piacciono.
La vera sfida di questo punto è riuscire a capire come far colpo subito, così da rientrare il prima possibile, magari a prima vista nella categoria di persone che il nostro interlocutore ritiene essere a sé affini.
Secondo il Professor Robert Cialdini le persone tendenzialmente hanno un'immediata simpatia verso chi credono li assomigli, o comunque verso chi sembri assomigliare alla persona ideale del loro gruppo di riferimento.

Le cose che maggiormente sembrano impattare all'ora di entrare nelle grazie di qualcuno sono:

•   Il modo in cui ci si veste: ogni gruppo di riferimento segue un suo specifico stile di abbigliamento! Sarà più facile raggiungere maggior empatia con un giovane se ci si veste in modo informale, o con un gruppo di banchieri se ci si presenta in giacca e cravatta per esempio!

•   Familiarità: siamo più propensi a fidarci e prestare ascolto a chi già conosciamo, anche solo di vista, per questa ragione i venditori online tendono a cercare prima di tutto di entrare in forum o comunità con commenti, o qualunque tipo di generico contributo, che li porti a risultare più familiari nel gruppo d'interesse.

•   Complimenti sinceri: i complimenti sono un'arma a doppio taglio! Non bisogna mai abusarne né usarli forzatamente in situazioni dove non hanno senso, ma un complimento sincero posto a sottolineare un pregio reale, può aprire porte che fino a quel momento erano rimaste completamente chiuse.

•   Similitudini: trovare punti in comune è un altro sistema utilissimo: "sei del Milan? Anche io!", "hai 2 figli? Pensa pure io!".

In generale siamo tutti portati a provare maggior empatia verso chi ci rassomiglia.

Non è un caso se nelle pubblicità televisive, ci si continuano a presentare persone bellissime, e famiglie perfette quando l'oggetto da vendere sia di largo consumo!

L'attore protagonista della pubblicità per un apparecchio dentale sarà un over sessanta, con una bellissima famiglia e come unico problema da risolvere, la sua dentiera.

Nel mondo online dove invece il pubblico di riferimento sono persone giovani, è sempre più frequente vedere pubblicità registrate volutamente con apparecchiatura non professionale, ed attori vestiti in modo assolutamente informale, se non proprio stravagante!

La capacità empatica, lo diciamo ancora una volta, è qualcosa di innato e particolarmente spiccato in alcune persone, tutte le altre è bene che studino approfonditamente questo punto, perché è il cuore di ogni trattativa tra persone civili.
Il non essere empatici risulta un grave handicap nella vita di qualunque animale sociale, esseri umani compresi.

5.Autorità
Al momento di decidere se un'informazione sia valida oppure no, diamo molto più peso agli esperti del settore!
La realtà è ovviamente leggermente diversa! Perché diamo retta a quelli che sembrano esperti del settore!
Ai soli fini della persuasione, è quindi molto più importante sforzarsi di sembrare autorevole piuttosto che lavorare per esserlo veramente!
Le grandi marche investono enormi quantità di capitali nel commissionare ricerche scientifiche, e poi pubblicarle se sono loro favorevoli, per così sfruttare l'autorità di scienziati ed università.
Il dentista non si limiterà a finire gli studi, ma appenderà il proprio titolo faticosamente ottenuto ad un quadro in bella vista nella sala d'attesa.
E nel caso del venditore? Il problema più comune in questo tipo di cose per un venditore, consiste nel fatto che non si può certo girare per strada portandosi dietro i propri attestati oppure le proprie

esperienze passate per sbatterle in faccia a chiunque! Bisogna saper essere discreti in questa operazione.

Nel caso dei venditori, è sicuramente anche il modo di vestirsi e di atteggiarsi che fa la differenza, è il tipo di vocabolario e qualche frase buttata di qua e di là, che può aiutare ad attestare autorità, ma non solo!
L'autorità può venir messa in luce molto efficacemente quando è qualcun altro a comunicarla, e funziona perfettamente anche se quel "qualcun altro" non ne ha per nulla!

Una delle agenzie immobiliari nelle quali ha operato il Professor Cialdini, ha visto incrementarsi notevolmente il proprio giro di affari assumendo una centralinista, il quale unico scopo era ricevere le telefonate per poi riassegnarle con frasi del tipo, "si certo, le passo Francesca, lei è riuscita a piazzare oltre 400 vendite nell'ultimo anno ed è una vera esperta nel suo campo" oppure "per il suo problema è ideale Filippo! Lui è il nostro esperto di affitti ed ha un portafoglio clienti di oltre 2.000 appartamenti saprà aiutarla sicuramente".

L'abito sicuramente non fa il monaco! Ma è esperienza quotidiana di tutti che un monaco senza il suo abito, farà certamente più fatica ad imporsi immediatamente come credibile.

6.Scarsità
Siamo attratti come api al miele da tutto ciò che è esclusivo, o che comunque sappiamo non esserci in quantità infinite, frasi del tipo "solo 8 posti disponibili" oppure "tiratura limitata" ti sono familiari?
Il mondo dei videogiochi ha saputo portare ad un altro livello questo punto, creando tutta una serie di oggetti virtuali unici o rari, che in alcuni casi sono arrivati a valere cifre da capogiro.
Se visitando un sito internet in fondo alla pagina vedi il numero di visitatori collegati in quel momento, 12 per esempio!
La sensazione di scarsità sarà immediata quando lo stock è limitato.
Cerca quindi sempre di accompagnare le tue offerte con un limite di tempo e quantità, per indurre il tuo cliente ad avvertire questa sensazione.
Per la verità il professor Robert Cialdini, nel suo ultimo libro "Pre-suasion" ha poi identificato anche un settimo punto!

7.Unità
Questo punto, racchiude secondo lui gli ultimi 6, e parla di un'unità condivisa dagli esseri umani.
Spiega sostanzialmente che quanto più l'altro viene percepito come parte di un "noi" più facilmente saremo disposti a permettergli di influenzarci!

Naturalmente ci sono moltissimi "noi" nella vita di ogni persona:
• Gruppo familiare
• Orientamento politico
• Religione
• Gruppo etnico
• Interessi condivisi
• Attività svolte (squadra di calcio, corsa al mattino, sport in generale, musica ascoltata)
• Lavoro

Nel momento preciso in cui riusciamo a farci considerare parte di un qualunque gruppo condiviso.
Nel momento in cui riusciamo a far parte di un "noi" la nostra capacità di persuasione ne risulterà immediatamente incrementata!

La differenza tra manipolare e persuadere

La linea che divide l'arte della persuasione dalla manipolazione mentale è sottile, ma esiste.
Possiamo pensare alla persuasione come a una pesca in superficie, dove si butta l'amo e chi abbocca abbocca, e alla manipolazione mentale come ad una pesca subacquea, dove ci si addentra sotto l'acqua per cacciare.
Certo, l'obiettivo sarà sempre mangiare pesce fresco… ma i mezzi non sono esattamente gli stessi.
E nemmeno l'attitudine.
Generalmente il manipolatore mentale nasce come un abilissimo persuasore che decide di spingersi un po' più in là.
Gli effetti della persuasione sono immediati, possono essere svelati facilmente e il processo persuasivo è relativamente immediato.
Gli effetti persuasivi, se non ripetuti nel tempo, tenderanno a svanire spontaneamente.

Per il discorso legato alla manipolazione mentale, invece, non potremo dire lo stesso.

La manipolazione mentale è un processo lento e i suoi effetti non saranno immediati; spesso i soggetti che vengono manipolati non si accorgono della situazione ed è difficile svelare le tecniche manipolatorie, soprattutto se si fa parte della relazione nelle vesti di "vittima".
Il processo di manipolazione, per chi lo esegue, è un processo graduale e lento che richiede costanza.
Continuando a fare dei confronti incrociati, potremo dire che la relazione persuasiva risulta essere sempre a due poli, cioè si svolge in un reciproco scambio tra oratore e interlocutore.
Si persuade sempre per un tornaconto personale, ma spesso è un procedimento innocuo.
Che cosa si intende con la parola innocuo? Significa intendere una relazione in cui l'ascoltatore ha la possibilità anche di dire di no.
Nella relazione persuasiva l'ascoltatore non è mai messo in una condizione di profonda inconsapevolezza.

La manipolazione è invece sempre a senso unico e non chiede mai consenso né permesso.
La manipolazione non è legata alla reciprocità.
Il manipolatore non segue la grande regola dell'empatia, dove per riuscire nel proprio intento si deve riuscire a guardare il mondo con gli occhi dell'altro.
Il manipolatore esegue uno schema attraverso i propri occhi ed è sempre l'altro, senza accorgersene, ad adottare lo stesso punto di vista di chi lo sta manipolando.
Anche in comunicazione persuasiva vincente, l'ascoltatore potrà arrendersi alla volontà dell'oratore, ma lo farà sempre con la partecipazione della propria ragione e della propria volontà.
Si può dire in altre parole che la grande differenza che divide la persuasione dalla manipolazione, sia l'intenzione di partenza.
Si persuade quando si ha un'intenzione innocua, spesso buona, altre volte senza un valore morale negativo- un politico che cerca di portarti dalla sua parte è innocuo, in fondo; si manipola invece quando si ha un'intenzione egoistica forte e spesso malvagia.
La manipolazione mentale può portare a situazioni di grave violenza psicologica nei confronti del manipolato, che è da considerarsi a tratti

ben peggiore della violenza fisica, perché incatena in una relazione di dipendenza da cui è molto difficile uscire e di cui non si vedono gli effetti a prima vista.

Auto-persuasione

Per concludere il grande capitolo riguardante la persuasione, dovremo assolutamente anche sottolineare l'esistenza del fenomeno dell'auto-persuasione.

Questo termine non indica, come si potrebbe pensare, la capacità di persuadere sé stessi oppure una grande forza di volontà che permette al perfetto persuasore di essere convinto di sé stesso.

In realtà, con il termine auto-persuasione, si parla di un fenomeno esperibile dal nostro interlocutore.

È un fenomeno che spesso può generarsi quando si commette un errore durante l'argomentazione persuasiva, o quando si sbaglia strategia persuasiva per lanciare un determinato progetto.

Abbiamo già largamente parlato di quanto sia importante curare la forma delle nostre argomentazioni e dei nostri progetti; abbiamo più volte ripetuto la necessità di organizzare i contenuti a seconda di diverse variabili e strategie e abbiamo anche sottolineato più volte quanto sia fondamentale la prima impressione per "ipnotizzare" l'altro e mantenere alta la sua attenzione su di noi… ma non abbiamo ancora parlato di ciò che accade quando commettiamo degli errori comunicativi durante una discussione o un discorso.

Che cosa succede al nostro interlocutore, quando perde il filo di fiducia nei nostri confronti oppure quando non si riesce ad instaurare la relazione positiva necessaria alla comunicazione persuasiva?

Il fenomeno dell'auto-persuasione è paragonabile ad una diga che si alza per contenere il flusso d'acqua eccessivo.

È, per l'interlocutore, un meccanismo necessario che gli permette di evitare di venire travolto dalle vostre parole o dai vostri messaggi.

Perché accade? Ricordate quando, parlando delle tecniche persuasive, vi ho posto la tecnica del dire la verità e subito dopo quella del comportamento flessibile?

Riepilogando: si usa la tecnica della dura verità quando abbiamo di fronte un individuo pacato e influenzabile; si usa la tecnica del comportamento flessibile quando abbiamo di fronte un individuo permaloso e testardo.

Non abbiamo spiegato però il perché approfondito di tutto ciò, ma lo faremo ora: usando la dura verità con un permaloso cronico, rischieremo che si generi in lui proprio il fenomeno dell'auto-persuasione.

Il vostro interlocutore, evidentemente preso per il verso sbagliato, si persuaderà a non volervi più ascoltare e non ci sarà nulla che gli impedirà di alzare la diga contro il vostro fiume di parole. L'interlocutore sarà totalmente bloccato nei vostri riguardi, e la colpa sarà solo vostra.

Un altro modo per generare al cento per cento l'auto-persuasione nell'altro, sarà quello di costringerlo a vedere la questione con i vostri occhi.

In questo caso si viola uno dei principi più importanti della persuasione, ovvero la necessità di sapersi mettere nei panni dell'interlocutore e di dimostrare di saper guardare le cose con i suoi occhi.

Non potremo mai raggiungere il nostro intento persuasivo, se costringeremo l'altro a mettersi nei nostri panni.

L'altro si sentirà succube di un discorso non richiesto e tenderà a chiudersi nelle proprie posizioni, cioè tenderà ad alzare la diga. Che cosa possiamo fare per evitare che si verifichi il fenomeno dell'auto-persuasione? Innanzitutto, dovremo assicurarci di aver fatto un'indagine del pubblico abbastanza accurata.

Dovremo essere certi, prima di lanciare il nostro messaggio, di aver preparato le tecniche adatte al nostro pubblico.

Per quanto riguarda invece, ad esempio, la vendita diretta, dove ci troveremo a dover persuadere uno sconosciuto, dovremo fare affidamento allo studio del suo linguaggio del corpo per poter cercare di capire il suo temperamento.

Fatto un esame globale e veloce, dove avremo fatto caso alla sua postura, alla sua stretta di mano, alle sue espressioni del volto e ai suoi movimenti generali, dovremo costruire la relazione cercando innanzitutto di comportarci come lui.

In questo modo riusciremo a creare un filo sottile di fiducia che diventerà via via più spesso, se adotteremo le tecniche persuasive adeguate.

Una persona che vi stringe la mano molto vigorosamente, vi guarda con la testa alta, mostrandovi il collo e sta ben dritta sulla schiena, a gambe divaricate, probabilmente è una persona che non ha molta voglia di scherzare, né di sapere la cruda verità.

In questo caso, avendo di fronte una persona molto sicura di sé e quasi aggressiva, sicuramente salda sulle proprie convinzioni, dovrete adottare di certo la tecnica del comportamento flessibile, e dimostrarvi altrettanto sicuri di voi mentre vi presentate, ma mai minacciosi.

Sono cose che si imparano con l'esperienza, ma di certo vi servirà davvero una buona dose di attenzione nei confronti dell'altro, per evitare che quest'ultimo si auto-persuada a chiudervi fuori! Ricordate che l'altro deciderà di chiudere la porta solo quando avrà di fronte un estraneo.

Fate di tutto per fare sì che l'altro vi riconosca come un proprio simile.

CAPITOLO 3
La PNL cosa dobbiamo sapere

Probabilmente hai già sentito questa sigla ma non hai mai approfondito il discorso.

Alcuni pensano che sia uno strumento di cambiamento efficace, altri non la possono sentire nominare e credono che sia una sorta di setta, oppure uno strumento di persuasione, altri ancora credono di sapere che cos'è, ma in realtà non hanno capito molto…

La ragione di tutta questa confusione è dovuta al fatto che la PNL non ha un'unica definizione.

PNL sta per Programmazione Neuro-Linguistica e si occupa dello studio dell'esperienza soggettiva, analizza come le persone organizzano il loro modo di pensare, le loro emozioni, i loro comportamenti per ottenere certi risultati ed esamina ulteriormente le differenze tra chi ottiene risultati nella media e chi, invece, è un maestro in quella determinata attività.

Approfondiamo singolarmente le parole che compongono la PNL.

Il termine "neuro" rappresenta il sistema nervoso e la mente.

Attraverso i cinque sensi viene catturata la realtà che percepiamo e viene archiviata nella mente, dando origine alla mappa neurologica.

La parola "linguistica" indica il linguaggio attraverso il quale la mappa neurologica è tracciata.

Il termine "programmazione" rappresenta invece l'insieme dei comportamenti che sono influenzati dalle mappe neurologiche e linguistiche.

La PNL è modellamento.

Modellare è un processo che ha lo scopo di identificare un pattern, uno schema comportamentale in una persona che ha ottenuto risultati incredibili e lo rende replicabile.

In parole semplici, modellare è il processo di individuazione di ciò che fa la differenza tra una performance di successo e una nella media.

Una volta individuata la strategia comportamentale, il modellatore la testa su sè stesso e, se ottiene il risultato eccellente, significa che il modellamento è stato svolto con successo.

La PNL è applicare le strategie che sono state modellate.

Una volta identificati i pattern di successo, bisogna metterli in pratica.

Ecco alcuni campi di applicazione:
- Su sè stessi per migliorarsi e raggiungere con successo i propri obiettivi
- Nella comunicazione con gli altri per creare relazioni solide e durature
- Nella formazione
- Nel marketing e nella vendita a scopo persuasivo

Utilizzare la PNL come panacea:

1. raggiungere i propri obiettivi
Raggiungere i propri obiettivi non è come dirlo; bisogna essere motivati e bisogna diminuire il conflitto interiore con sè stessi.
Un obiettivo deve essere chiaro al nostro inconscio, quindi non può contenere una negazione (esempio: non voglio più essere povero) deve essere specifico al presente, deve essere raggiungibile ed ecologico.
Ecologico nel senso più puro del termine: deve rispettare te stesso e chi ti circonda.
Se, ad esempio, per raggiungere il tuo obiettivo devi rinunciare a vedere i tuoi cari o devi mettere a rischio la tua salute, è molto probabile che incontrerai delle resistenze che ti metteranno in difficoltà.
Per essere sempre motivati, bisogna avere bene in mente la propria gerarchia dei valori, ossia bisogna sapere perfettamente quello che è importante per te.
Questi valori definiscono le tue azioni e influenzano i risultati che ottieni.
Spesso, la gerarchia dei valori è inconscia, quindi, per definizione, non sei consapevole di quello che è più importante per te, mentre, quando definisci i tuoi obiettivi lo fai con la tua mente conscia.
Non conoscere i tuoi valori inconsci potrebbe creare un conflitto interno dovuto al fatto che l'obiettivo che ti sei prefissato viola i tuoi valori e quindi non sarà possibile raggiungere quel risultato.

2. convinzioni limitanti e convinzioni utili
Le convinzioni sono le tue certezze, quello che tu credi essere assolutamente vero relativamente a te stesso e a tutto ciò che ti circonda.

Queste convinzioni nascono a causa di diversi fattori, fra cui le persone che frequenti, la tua esperienza personale, il luogo dove vivi ecc. e possono essere limitanti quando ti ostacolano nel raggiungere i tuoi obiettivi.

Alcuni esempi di convinzioni limitanti sono i seguenti: continuare a ripetersi di non essere all'altezza della situazione, incolpare altre persone e non prendersi la responsabilità dei propri fallimenti.

Le tue convinzioni determinano il tuo stato d'animo che, di conseguenza, determina il tuo comportamento che, a sua volta, influenza i risultati che ottieni.

Proprio per questo motivo, devi cambiare le tue convinzioni limitanti ma, per poterlo fare, devi innanzitutto identificarle.

Uno dei metodi più efficaci per identificare le convinzioni limitanti è porre attenzione alle violazioni linguistiche (ovvero generalizzazioni, cancellazioni e distorsioni) che fai quando descrivi un problema.

Queste violazioni linguistiche seguono i seguenti pattern:
- Sostenere di conoscere che cosa pensa un'altra persona.
- Omettere chi ha espresso un giudizio.
- Attribuire ad eventi esterni la causa dei propri comportamenti o del proprio stato.
- Rendere sinonime due esperienze distinte.
- Cancellazioni di parte del contenuto di una frase.

Come si eliminano le convinzioni limitanti?

Per cambiare, devi riuscire ad avere una visione più ampia, o meglio devi guardare le tue convinzioni attraverso altri punti di vista.

Prova ad osservare come cambia la tua convinzione "dall'esterno" o dal punto di vista di un singolo evento che si è verificato nella tua vita.

Prova a colorare questa convinzione: che colore avrebbe se fosse utile invece che limitante?

Non esistono risposte giuste o sbagliate, semplicemente devi concentrare tutte le tue attenzioni al cambiamento della convinzione e le emozioni che questa variazione genera.

Un'altra tecnica per eliminare una convinzione limitante con la PNL è il re-imprinting.

L'imprint è la prima fase della vita durante la quale i genitori (e le persone più strette) ci trasmettono le convinzioni e i valori che abbiamo tuttora.

Il re-imprinting sfrutta il reframing, ovvero la riformulazione del modo di percepire una situazione per modificarne il significato.

Attraverso il reframing puoi liberarti in modo efficace della convinzione limitante.

Le convinzioni influenzano le tue emozioni: quelle utili fanno nascere emozioni positive, mentre le convinzioni limitanti generano emozioni negative.

Se la tua convinzione è quella di essere troppo timido per parlare in pubblico e non all'altezza, quando dovrai farlo per svolgere una presentazione, percepirai molte emozioni negative.

Sarai invece entusiasta di parlare in pubblico se sei sicuro di te e se farlo non ti crea il minimo imbarazzo.

Le emozioni, come le convinzioni, possono essere utili quando sono positive e ti supportano o limitanti quando ti ostacolano.

Le emozioni, a loro volta, influenzano il tuo comportamento automatico come la respirazione, il battito del cuore e il comportamento meno inconscio come mangiarsi le unghie o fumare, eccetera.

Per modificare i comportamenti, bisogna agire a livello psicologico modificando le convinzioni e le emozioni.

Lo scopo è quello di generare nuovi comportamenti che permettano di avere più scelta di fronte agli eventi.

Il cambiamento può avvenire in tre modi differenti: esplosivo, evolutivo o ritardato.

Il cambiamento esplosivo avviene in breve tempo e stravolge la vita di una persona: ad esempio, con una tecnica di PNL ci si può liberare di una fobia che ci ha tormentato per tutta la vita.

Il cambiamento evolutivo è graduale e ti permette di evolvere giorno per giorno: ad esempio, leggere un libro ogni due mesi tra 10 anni avrà apportato a un grande cambiamento nella tua vita.

Il cambiamento ritardato matura nell'inconscio e, di conseguenza, non è percepibile ma c'è.

3. relazioni negative e comunicazione

La comunicazione è uno degli elementi fondamentali nelle relazioni e con la PNL sarai in grado di risolvere i conflitti e di far percepire agli altri che le conosci da una vita.

Le tecniche di comunicazione ti permettono di far sentire le persone a proprio agio, di essere sempre compreso, di motivare le persone ad agire e di creare relazioni solide.

PNL e manipolazione

Hai mai tentato di parlare con un'altra persona che non comunica in una lingua simile alla tua? Forse tu comunichi in inglese e l'altro individuo parla cinese.

L'individuo che parla cinese sta segnalando freneticamente qualcosa; tuttavia, non si sa assolutamente di cosa ha bisogno.

Si fanno numerose teorie: provi ad offrire un telefono e loro scuotono la testa, dell'acqua e loro scuotono la testa. Indipendentemente da ciò che offri, l'altro individuo si rivela sempre più irritato o sconcertato, poiché non riesce a comunicare con te.

Alla fine, l'individuo si tempesta senza aver mai ottenuto ciò di cui aveva bisogno, e tu ti ritrovi a considerare ciò che in ogni caso era così freneticamente richiesto.

Voi siete sia l'anglofono che il cinese, una parte di voi parla solo in inglese mentre l'altra cerca freneticamente di impartire in cinese.

Nessuna delle due parti può parlare con l'altra, né entrambe finiscono per essere disconnesse, deluse e senza un'adeguata corrispondenza.

Questo è davvero ciò che accade nel vostro cervello.

La vostra psiche cognitiva pensa in un unico modo, e il cervello ignaro pensa in modo inaspettato.

I vostri sentimenti non sono d'accordo con i vostri obiettivi.

Il vostro linguaggio del corpo non si adatta.

In sostanza, persegui la complessità dell'intreccio, nonostante il modo in cui comprendi ciò di cui hai bisogno.

Ricordate che il vostro cervello ignaro non è destinato ad essere vostro nemico.

Non è qualcosa che dovrebbe essere sottomesso o controllato.

O forse, è qualcosa da imbrigliare e lavorare all'interno della coppia.

Ciò nonostante, questo implica che dovete trovare il modo appropriato per parlare con lui.

Nella remota possibilità che tu riesca a dare un senso al metodo corretto per parlare con quel pezzo di te stesso che ti è sfuggito di mano, puoi trovare un accordo con i tuoi desideri e i tuoi desideri consapevoli.

CAPITOLO 4
La comunicazione non verbale

D ietro ad una comunicazione verbale, vi è sempre e in ogni caso anche una comunicazione non verbale.

Quando si ha a che fare con un'altra persona, discutendo di un argomento in amicizia oppure intavolando una trattativa di lavoro, è inevitabile che si emettano e si ricevano, più o meno consapevolmente, dei segnali tramite il corpo, tramite lo sguardo o tramite i gesti.

L'insieme di questi comportamenti viene definito comunicazione non verbale, ovvero, come intuibile dal nome e come ormai si sarà capito dopo questa breve introduzione, un tipo di comunicazione che va oltre le semplici parole che una persona può o non può pronunciare.

Possiamo addentrarci ancora di più in questo discorso avanzando una seconda ipotesi, anche questa ormai globalmente accettata dagli esperti.

Il linguaggio del corpo difficilmente mente.

Sono pochissime le persone in grado di controllare con costanza e lucidità i propri comportamenti e, anche nel caso in cui si abbia studiato attentamente e a lungo le tecniche di comunicazione non verbale, rimarrà comunque impossibile evitare di comunicare alcuni micro-segnali, i quali, tra l'altro, non possono evitare di non mentire.

Il problema risiede più che altro in chi ascolta.

Sono pochissime le persone che sanno realmente decifrare questi segnali, sono invece molte di più quelle che sostengono erroneamente di saperlo fare.

Saper leggere i segnali che un individuo, più o meno consciamente, emette a livello non verbale costituisce quindi il miglior modo, se non l'unico efficace, per capire e analizzare le persone.

Ecco che allora la comunicazione non verbale si rivela un fattore importantissimo nelle relazioni sociali e lavorative, che, se padroneggiato alla perfezione, sarà in grado di darti incredibili vantaggi comunicativi sui tuoi interlocutori.

Perché studiare la comunicazione non verbale?!

A questo punto non bisogna però illudersi che tramite la comunicazione non verbale sia possibile leggere nella mente dei propri interlocutori come se fosse un libro aperto, o in alternativa manipolarli come fossero delle semplici marionette di legno.

Tuttavia, è indubbio che padroneggiare queste tecniche possa aiutare in molti contesti.

Ho selezionato due motivi, i più importanti secondo la mia opinione, per cui vale la pena informarsi e studiare le tecniche di comunicazione non verbale.

Al primo posto troviamo ovviamente l'analizzare i propri interlocutori, il che non è altro che il vero fine ultimo di questo libro. Imparando ad interpretare un certo tipo di segnali, riuscirai a comprendere con maggiore facilità i pensieri di chi ti sta di fronte.

In questo modo otterrai un vantaggio a livello comunicativo, avendo l'opportunità, ad esempio, di cambiare i binari della discussione nel caso comprendessi che un argomento sia causa di astio o di disinteresse, oppure continuando su una determinata strada nel caso rilevassi segnali di interesse nel tuo interlocutore.

Ma non è questo l'unico motivo per cui è importante studiare la comunicazione non verbale.

Conoscere le tecniche di comunicazione non verbale è essenziale anche per migliorare la propria comunicazione.

Ovviamente, come detto poco sopra, non sarà mai possibile controllare con estrema precisione tutte le sfumature della tua espressione facciale o i gesti più involontari, ma conoscendo tutte le tecniche più comuni e diffuse per leggere il linguaggio del corpo, ti sarà possibile utilizzarle a tuo favore nel momento in cui vorrai far capire un qualcosa o innestare un'idea nella mente dei tuoi interlocutori senza utilizzare le parole.

Come gestire una conversazione

La qualità delle nostre relazioni è direttamente proporzionale alla qualità delle nostre conversazioni.

Quando parli devi assolutamente evitare i silenzi imbarazzanti, perché renderanno il tuo messaggio poco credibile.

Come fare? Come non sentirsi impacciati quando parliamo? Si può davvero arrivare dritti al punto durante la comunicazione evitando di restare impigliati in quella patina di superficialità a cui sembrano condannate la maggior parte delle conversazioni?

Ecco alcuni trucchi per sfondare il muro di banalità e sedurre velocemente il tuo interlocutore:

•   Usa domande aperte.

Invece di chiedere «Ti piace fare sport?», formula la domanda in modo da evitare una risposta secca del tipo "Sì" o "No".

Puoi ampliare la conversazione e renderla molto più ricca e interessante chiedendo per esempio «Come ti piace passare il tuo tempo libero?»: in questo modo, invece di un secco "Sì" o "No", dai la possibilità alla persona dinanzi a te di fornire al discorso ulteriori dettagli e aneddoti, materiale prezioso per analizzare il profilo del tuo interlocutore e per chiedergli ulteriori dettagli sulle storie da lui raccontate.

•   Le persone amano parlare di sé stesse: più glielo fai fare, più ti adoreranno.

Ascolta molto attentamente i dettagli di quello che ti dicono i tuoi interlocutori, cercando di ricordare tutto grazie anche alla tua memoria infallibile che dovrai aver allenato.

Quando dovrai affrontare un discorso persuasivo in meno di dieci minuti, potrai centrare il tuo messaggio attorno ai temi chiave così individuati.

Ognuno di noi ha un tallone d'Achille e non è necessario essere Sherlock Holmes per scovarlo.

Ti basta solo un po' di pazienza, attenzione e (di nuovo) memoria!

•   Fatti raccontare una storia dal tuo interlocutore.

Siamo essere umani, e in quanto tali viviamo di storie, racconti, desideri e speranze.

Farsi raccontare delle storie personali significa accedere ad un piano emotivo profondo, e se ci riuscirai, nulla potrà fermarti.

Per rendere la comunicazione efficace in meno di dieci minuti, inizia raccontando tu stesso una storia, e invita così il tuo interlocutore a fare lo stesso.

Questa pratica ti metterà su un piano emotivo comune che arricchirà la tua interazione e faciliterà il lavoro quando proverai a persuadere l'altra persona.

La prossimità emotiva farà rilassare le difese di chi ti ascolta, rendendo così più semplice la tua opera di convincimento.

•   Gestisci l'ascolto attivo: stai parlando con un tuo superiore, o una persona da cui vuoi ottenere qualcosa? Mostra interesse, palesa la tua curiosità e il tuo coinvolgimento nella conversazione, sempre in maniera naturale, magari chiedendo dettagli o chiarimenti rispetto a quello che ascolti.

Puoi anche modulare le tue risposte sulla base delle idee che ti vengono dette: la tecnica della ripetizione è efficacissima e funziona anche con gesti ed espressioni, oltre che con le parole. Modulare e adattare il tuo linguaggio non verbale sulla base di quello dell'altra persona è un trucco da veri maestri.

Siamo già nell'ambito della P.N.L., ma puoi provare a sperimentarlo se te la senti. Altrimenti, prova a formulare sotto forma di domande cose dette dall'altra persona.

Il semaforo dei segnali

I segnali rivelatori agli occhi di chi sa leggerli, riescono a comunicare un qualcosa che va oltre alle parole, ma che non per questo ne è per forza in contraddizione.

Sicuramente nella vita di tutti i giorni ti sarà già capitato di sperimentare nella pratica la presenza di questa tipologia di segnali.

Prova a pensare ad un dialogo con un tuo collega o con un tuo amico.

Magari gli stavi raccontando qualcosa che per te era molto interessante, ma intravedevi nella sua espressione il completo disinteresse o, al contrario, grande partecipazione con la tua storia.

Bene, questi sono dei classici esempi di segnali rivelatori.

I segnali rivelatori, infatti, generalmente si concentrano sulla comunicazione di tue tipologie di messaggi.

La prima tipologia riguarda la comunicazione di sensazioni, la seconda, invece, riguarda le emozioni.

I segnali rivelatori delle emozioni sono abbastanza importanti, dato che sono in grado di fornire precise indicazioni, se letti a dovere, su cosa prova il proprio interlocutore per davvero durante un dialogo.

Tuttavia, sono i segnali rivelatori delle sensazioni quelli che tornano maggiormente utili quando si tratta di analizzare le persone.

Questa tipologia di segnali, infatti, può tranquillamente essere usata per capire il grado di gradimento o di avversità del nostro interlocutore verso un certo argomento.

Potremmo infatti considerare i segnali rivelatori delle sensazioni come una sorta di semaforo e dividerli nuovamente in tre sottogruppi: i segnali di rifiuto, di tensione e di gradimento.

I segnali di rifiuto sono la luce rossa del nostro semaforo.

Se rilevi uno di questi segnali, potrebbe essere una buona idea cambiare argomento o per lo meno rimodulare il discorso in modo da creare meno astio nel tuo interlocutore.

I motivi per cui una persona emette segnali di rifiuto possono essere molti, dal fastidio nel parlare di un argomento, ai dubbi riguardanti un ragionamento, fino ad arrivare al dissenso vero e proprio verso certe convinzioni.

Arriviamo poi ai segnali di tensione, ovvero il semaforo giallo.

Come nel codice stradale, il semaforo giallo non vuole essere un segnale di stop obbligatorio, ma non è nemmeno un segnale che ti deve spronare a continuare.

Al contrario, un segnale di tensione deve invitarti a valutare un contesto più ampio, in modo da capire se la tensione provata dal tuo interlocutore possa trasformarsi in una sensazione positiva o negativa (nota ancora una volta l'importanza dell'analisi del contesto).

I segnali di tensioni sono comunque utili a capire che il proprio interlocutore non è indifferente rispetto al discorso che stai portando avanti, tuttavia non è comunque ancora convinto al cento percento delle tue parole.

Il fatto che l'attenzione del tuo interlocutore salga potrebbe essere un ottimo segnale per i tuoi scopi.

Cerca quindi anche tu di prestare ancora maggior attenzione alle tue parole e al tuo linguaggio del corpo, in modo da indirizzare la discussione e la ricezione dei tuoi messaggi sui binari che più preferisci.

Infine, abbiamo i segnali di gradimento, ovvero la luce verde del nostro semaforo metaforico.

In questo caso c'è poco da dire.

Se rilevi un atteggiamento riconducibile ad un segnale di gradimento, vuol dire che il tuo interlocutore sta apprezzando ciò che stai dicendo e concorda con le tue parole.

In questi casi hai in pugno la situazione: le persone stanno pendendo dalle tue labbra e puoi portarle dove più preferisci.

Un piccolo appunto prima di proseguire.

Tutti questi segnali, compresi anche i segnali di falso che vedremo nel dettaglio tra poco, sono tanto validi quando chi li emette sta ascoltando, quanto durante la parlata.

Anzi, in alcuni casi potrebbe essere ancora più interessante rilevare questi segnali mentre chi li emette sta parlando, in modo da capire la verità e le sensazioni che si nascondono dietro a determinate parole.

I segnali di falso

Voglio iniziare mettendoti al corrente di due concetti che la maggior parte della gente totalmente ignora, ma fondamentali per una corretta analisi delle persone.

Uno: non esistono segnali di falso assoluti.

Due: un segnale di falso non implica per forza di cose che il proprio interlocutore stia mentendo.

Per quanto riguarda il primo punto, la spiegazione che posso darti è alquanto semplice e non mi stuferò mai di ripeterla.

Il contesto è sempre la cosa più importante e per questo motivo ogni segnale deve essere valutato in un quadro più ampio.

Il punto numero due, invece, è un po' più sottile da spiegare.

Fino ad adesso abbiamo capito che i segnali di falso sono quelli che più di tutti sottolineano la presenza di un'incongruenza tra il linguaggio verbale e non verbale.

Ma queste incongruenze sono presenti solo quando si mente spudoratamente?

La risposta è no!

O per lo meno, non tutte le menzogne sono vere bugie.

I segnali di falso possono infatti dividersi in ulteriori quattro sottocategorie: mancanza di convinzione, conflitto interiore, menzogna e integrazione emotiva.

Analizziamo ognuno di questi casi più nel dettaglio.

I segnali di falso riguardanti la poca convinzione sono più comuni di quanto si possa pensare e di sicuro ti sarà capitato di vederli nella vita di tutti i giorni.

Immagina una situazione in cui un venditore stia cercando di convincerti a comprare il suo prodotto.

Tuttavia, dal suo atteggiamento, tu riesci a capire immediatamente che è molto insicuro, per poi scoprire che è al suo primo giorno di lavoro!

Ecco, in questo caso saresti di fronte ad un classico esempio di segnale di falso dettato dalla poca convinzione e, come puoi ben capire, alla base non vi è una menzogna, ma solo tanta insicurezza.

Passiamo ora al conflitto interiore.

Personalmente, adoro la pizza e solitamente la mangio tutti i sabati sera.

Quando sono a dieta, magari in vista dell'estate, cerco di limitare questa mia abitudine ad una sola volta al mese.

Tuttavia, mia figlia, anche se sa che ho mangiato il mio piatto preferito nel weekend precedente, ogni sabato mi chiede se voglio una fetta della sua pizza.

Le mie parole dicono di "no", ma i segnali che emette il mio corpo fanno chiaramente intendere di "sì".

Sto mentendo?

Forse, ma più che a mia figlia, sto mentendo a me stesso.

Questo appena esposto è un tipico caso di segnale da conflitto interiore.

Arriviamo quindi alla menzogna vera e propria.

Paradossalmente, qui il discorso è molto meno interessante.

In questo caso siamo davanti ad una persona che mente e cerca di distorcere la realtà.

Più che in ogni altro scenario è quindi in questo caso importante captare con destrezza e velocità i segnali di falso, al fine da smaschera la persona di fronte a noi.

Inutile sottolinearlo, le tecniche per rilevare questo genere di segnali sono molto studiate dai cadetti dell'FBI durante il loro periodo di formazione e sono tra le più importanti tra quelle che useranno nell'arco della loro carriera.

Infine, vi è l'integrazione emotiva.

In questo caso siamo di fronte ad una persona che, prima che a chiunque altro, sta cercando di autoconvincersi di un qualcosa.

Prova ad immaginare di aver a che fare con un qualcuno che ha appena perso un genitore.

La domanda naturale da porre in queste situazione è il classico "come stai?", che riceverà naturalmente una risposta positiva.

Risposta positiva tuttavia esclusiva delle parole.

Il corpo, i gesti e l'espressione del viso molto probabilmente diranno infatti tutt'altro.

Il tuo interlocutore, in questo caso, non sta cercando di trarti in inganno, ma sta invece provando a convincersi di stare bene, metabolizzando la morte del genitore.

Riuscire a ricondurre un comportamento preciso ad una famiglia di segnali è anche più importante del conoscere le classiche corrispondenze gesto-significato che ignorano completamente il contesto.

Il metodo usato dall'FBI, come vedremo successivamente, dà infatti molta più importanza a ciò che hai letto fino ad ora rispetto che al collegare un comportamento al suo significato in automatico.

Come parlare con il pubblico

Riuscire a controllare il proprio corpo durante un discorso o un dibattito non è sempre facile, come non è sempre facile cercare di mantenere un tono di voce sempre saldo, chiaro e persuasivo.

Per qualcuno parlare in pubblico risulta molto soddisfacente, per altri meno… ma non è detto che una persona riservata non possa imparare a gestire l'uditorio nel migliore dei modi.

Servirà allenamento e pazienza, ma chiunque può riuscire a progettare un'argomentazione e a portarla con trionfo davanti al pubblico. Come fare, dunque?

Innanzitutto, se non siete abituati a gestire il pubblico e voi stessi mentre parlate, dovrete assolutamente essere in grado di riconoscere i segnali corporei, cioè dovrete riuscire a decifrare i codici che il linguaggio del corpo invia all'interlocutore.

Quando imparerete a riconoscere negli altri questi codici corporei, sarete maggiormente predisposti alla comprensione dell'altro; quando imparerete invece a gestire i messaggi che il vostro corpo manda agli altri, avrete in mano la chiave principale che vi permetterà di farvi ascoltare con attenzione.

Quando comunichiamo lo facciamo largamente tramite il linguaggio del corpo.

L'altro guarderà i nostri gesti e capirà, anche senza il bisogno di cogliere in pieno il senso delle vostre parole, che cosa gli state cercando di comunicare; ora proveremo ad elencare tutti i codici corporei utili per comprendere in pieno il messaggio comunicativo, e in un secondo momento faremo il punto per potervi consigliare la modalità vincente per riuscire a parlare in pubblico.

Generalmente, durante la comunicazione, i segnali corporei rilevanti sono da ricondurre alla testa, alla postura e agli occhi.

Le prime cose che arrivano all'altro sono la postura e la testa. Immaginate di dovervi incontrare per la prima volta con un vostro superiore, e lo vedete arrivare in lontananza: cammina ingobbito, il passo è incerto e la testa è bassa.

Cosa vi verrà spontaneo di fare, non appena lo avrete davanti?

Lo tratterete con leggerezza.

Avete capito subito, soltanto dalla primissima impressione, di aver davanti un uomo insicuro.

E quando vi stringerete la mano ne avrete la conferma: la sua stretta sarà debole e i suoi occhi faranno fatica a mantenere il vostro sguardo.

Vi sentirete allora subito padroni della situazione, e penserete già di potergli rubare il posto di lavoro in un battibaleno.

E quando si presenterà, la sua voce sarà bassa e farete fatica a tenere a mente il suo nome.

Un pessimo modo, il suo, di presentarsi come un vostro superiore, non è vero? E la cosa affascinante di tutto questo è che ancora non avete parlato di nulla di rilevante!

Capite dunque quanto sia importante riuscire a gestire il proprio corpo? La prima impressione che date di voi è quella che l'altro si porterà dietro sempre.

Vi ricorderà per sempre come quello insicuro, che parla a bassa voce e che cammina guardando per terra.

Gestire dunque un'argomentazione pubblica senza riuscire a dare una prima impressione vincente di sé, comporterà un insuccesso garantito, molti sbadigli e tante sedie abbandonate prima della fine del discorso.

No, non sto esagerando: il linguaggio non verbale fa il 90% della buona riuscita finale.

Come comportarvi, allora, per riuscire a parlare in pubblico in maniera efficace?

Il pubblico acquisisce la prima impressione su di voi non appena vi intravedrà.

Seguirà con lo sguardo la vostra avanzata verso il centro del palco e, se la camminata inspirerà fiducia, il pubblico sarà pronto ad ascoltarvi.

Perciò, prima di tutto, curate la primissima impressione: non avviatevi verso il pubblico con l'atteggiamento di quel superiore insicuro.

La vostra postura, innanzitutto, dovrà essere diritta.

Con il corpo dovrete essere capaci di dire: eccomi, sono qui!

E il pubblico si sentirà subito interessato a voi.

La postura diritta dovrà accompagnarsi alla testa altrettanto eretta, posizionata in parallelo al suolo.

Non troppo alzata, poiché indica un gesto di sfida, e non troppo bassa, poiché indica sottomissione.

Ponetevi ad un livello, diciamo, diplomatico.

I piedi, nello stesso modo, non dovranno essere troppo distanti fra loro per evitare di dimostrare aggressività, e non dovranno essere rivolti all'interno per dimostrare insicurezza.

Anche in questo caso, piedi a distanza ravvicinata, possibilmente diretti al pubblico.

Il piede si dirige naturalmente e inconsciamente, durante una conversazione, verso qualcosa che in quel momento ci attira.

Ricordatelo, e provate a prestare attenzione alla direzione dei piedi dei vostri interlocutori in circostanza quotidiane.

Ad ogni modo, provate ad adottare questa posizione anche nella vita quotidiana, quando parlate comodamente con un amico o con un collega, per abituarvici.

Cercate, se già non lo fate, di adottare questo stile anche mentre camminate, in qualsiasi circostanza.

L'abitudine vi porterà a presentarvi al pubblico nel migliore dei modi.

Tornando al vostro discorso in pubblico: quando sarete entrati in sala e avrete adottato con attenzione questo stile di camminata, guardate il vostro pubblico e aspettate di aver la loro attenzione, prima di parlare.

Mentre guardate in sala, sorridete in maniera pacata e poi, prima di cominciare il discorso, allargate la bocca in un bel sorriso convincente e presentatevi.

Abbiate l'accortezza di modulare il vostro tono di voce, cercando di renderlo il più calmo e caldo possibile, e non sostate troppo composti: aggiungete alle vostre parole dei gesti e dei movimenti ampi, ma non frenetici.

E ricordate che l'ampiezza dei vostri gesti dovrà essere proporzionale al numero di persone in sala: più sono le persone presenti, più i gesti dovranno essere ampi, indicando la volontà di poter essere in grado di "accogliere tutti".

Ma di quali gesti stiamo parlando? Poniamo una sala con una quantità media di persone: non è un club del libro, ma nemmeno un discorso alla notte degli Oscar, per intenderci.

Bene: i gesti da utilizzare dovranno avere un'ampiezza "a gomito", cioè il perno del movimento sarà il gomito e non i polsi, per un pubblico ristretto, e non le spalle, per un pubblico molto ampio.

Le mani dovranno sempre essere aperte, poiché danno molta fiducia in chi vi sta ascoltando; cercate inoltre di non allungare troppo le braccia: rimanete sempre in una posizione in cui braccia e mani siano vicine al vostro corpo.

È possibile camminare mentre si parla? Sì, ma giusto qualche passo senza MAI dare le spalle al pubblico e cercando di farlo solo quando si passa da un'idea all'altra.

Questo è molto importante per mantenere il filo di fiducia e per tenere alta l'attenzione.

Siate, inoltre, sempre al centro del palco: non allontanatevi mai troppo dalla vostra posizione.

E che espressioni avere, mentre si parla? Si può guardare qualcuno negli occhi mentre si esprime un concetto? Per quanto riguarda l'espressione, cercate sempre di mantenere uno sguardo rilassato e un sorriso pacato.

Rendete i vostri occhi vivaci e potenziate i punti salienti del vostro discorso con dei sorrisi maggiormente espressivi.

Mentre guardate in sala, non soffermatevi mai per più di cinque secondi sul viso di qualcuno: rischiereste di metterlo a disagio. Non guardatevi ossessivamente intorno e non fossilizzatevi su una persona sola, insomma.

Per quanto riguarda la voce, infine, cercate di parlare in maniera chiara e magari segnatevi, sul vostro discorso scritto da imparare, il momento adatto per fare qualche pausa.

Provate il discorso più di una volta: non siate mai impreparati.

Certo, le cose da tenere a mente sono molte e potranno apparire difficili per i più riservati, ma con un po' di buona pratica davanti allo specchio o nelle situazioni di comfort.
Scoprirete con sorpresa che l'allenamento porterà i suoi frutti, dentro e fuori dal palco.

Conoscere il pubblico per attirarlo

Molto importare è riuscire a capire con il giusto anticipo quali saranno i nostri ascoltatori.
Nella gestione della nostra idea o della nostra argomentazione, risulta fondamentale cercare di comprendere quale potrebbe essere il nostro pubblico di riferimento, per essere in grado di modellarci.
Avrete capito ormai che la prima impressione e la presentazione, diciamo pure la forma, è forse l'ingrediente più importante quando si tratta di persuadere e attirare il pubblico verso di noi.
Quando il contenuto è valido, poi, avremo la vittoria assicurata... E ora che abbiamo compreso come porci in maniera positiva nei confronti del pubblico, dobbiamo anche chiederci quali caratteristiche avrà il nostro pubblico, per riuscire a creare una rete perfetta.
Quindi, come capire a chi si andrà a rivolgere il nostro progetto? Dipende.
Dipende dal settore per cui lavorate, per esempio.
L'arte della retorica e della persuasione occupa sinceramente tutti i campi della vita, investendo anche quelli privati, ed è perciò difficile riuscire a dare dei principi generali o delle dritte generiche.
Si può comunque provare a spiegare come può venir suddiviso l'uditorio in categorie, secondo quali criteri il nostro progetto potrebbe inserirsi in una determinata categoria e infine come comprendere le tecniche più adatte per colpire la categoria di uditorio prescelta.

Le caratteristiche dell'uditorio.
Come discriminare, per esempio, l'intera popolazione italiana, per cercare la propria categoria di pubblico?
Teniamo presente innanzitutto le categorie di base: sesso, età, stato civile, occupazione.
Sono già delle variabili in grado di fare la differenza, nel processo di discriminazione dell'uditorio.

Quindi, partendo dalle basi, capite se: vi state rivolgendo a uomini, a donne oppure a entrambi; cercate di capire a quale fascia di età si potrebbe rivolgere la vostra idea: bambini, preadolescenti, adolescenti, adulti o anziani?

Chiedetevi in seguito se lo stato civile potrebbe fare la differenza nella vostra discriminazione: per esempio, se avete scelto uomini e donne adulti, è importante capire in anticipo se siano sposati, single o divorziati? Infine, nella discriminazione di base, cercate di comprendere a quale categoria di lavoro si potrebbe addurre maggiormente la vostra idea.

Se, per esempio, state preparando un'argomentazione incentrata sull'efficacia di barrette proteiche, il vostro uditorio di base potrebbe essere il seguente: uomini e donne/ giovani adulti/ single e divorziati/ impiegati nell'ambito della nutrizione, del fitness o impiegati in ufficio.

Già da questi indizi, potrete modulare voi stessi e la vostra argomentazione in maniera più vocalizzata, adattando lessico, abbigliamento e comportamento.

In quale categoria far rientrare il nostro progetto

Il pubblico ideale è stato individuato seguendo le categorie discriminatorie di base, ma magari non siete sicuri che il vostro progetto si addica perfettamente alla vostra idea di uditorio.

Come capire se il pubblico prescelto è proprio quello giusto?

In questo caso, ci si può affidare alla statistica.

Se dovete stare all'interno di un range limitato, come appunto, per esempio, la popolazione italiana, fare una piccola indagine statistica sarà abbastanza facile.

Segnatevi delle domande che riguardano il vostro progetto.

Tornando all'esempio delle barrette proteiche, segnate: fanno maggiormente uso di barrette proteiche gli uomini o le donne? Qual è l'età media dei fruitori di barrette proteiche? La palestra è maggiormente frequentata da persone coniugate o da single? Quale occupazione lavorativa è maggiormente collegata alla fruizione di palestre e di consumo di alimenti proteici?

Una semplice ricerca statistica guidata su questi punti vi aiuterà ad avere le risposte che cercate!

Come inserire il progetto con successo nella categoria prescelta

Arrivati a questo punto, cioè quando il progetto si è concluso, il discorso è stato provato o l'idea ha preso pienamente forma, sarà tempo di pensare ai mezzi adatti per lanciarla.

Avere ben chiaro in mente l'uditorio ideale sarà la parte principale, poiché ogni fetta di pubblico detiene i propri mezzi di comunicazione prediletti.

Ma non solo: ogni fetta di pubblico ha simili gusti, segue simili mode e ha simili idee.

Cosa significa questo? Significa che per lanciare in maniera ottimale il vostro progetto, dovrete voi stessi immedesimarvi nel vostro pubblico e fare di tutto per assomigliarli.

Nel caso quindi di un discorso in pubblico, per esempio, adeguate il vostro abbigliamento al vostro pubblico di riferimento e utilizzate un registro lessicale che possa far sentire il vostro pubblico a proprio agio.

Aggiungete nel vostro discorso dei riferimenti convincenti legati al mondo del vostro pubblico quindi, per esempio, se vi rivolgete a ragazzi o giovani adulti, dimostrate di essere padroni dei loro mezzi di intrattenimento e create una presentazione il più moderna possibile.

Il trucco, insomma, è tutto qui: conoscere il vostro pubblico, immedesimarvi in lui, e attirarlo tramite la somiglianza.

Come farsi dire si

Se vuoi indurre qualcuno a prendere una decisione o farti dire di sì, ecco come devi introdurre il tuo discorso per convincere l'altra persona in meno di dieci minuti.

Prova ad iniziare con questa affermazione: «Nel mondo esistono due tipologie di persone...».

Questa frase renderà istantaneamente il tuo interlocutore curioso di scoprire a quale categoria appartiene.

Inoltre, catalizzando una possibile decisione verso due estremi opposti, renderai la scelta molto più semplice al tuo ascoltatore: questi dovrà infatti scegliere o una o l'altra opzione che gli hai fornito, liberando il campo da tutte le sfumature intermedie, che di solito rendono la decisione molto più complicata.

Un altro trucco per farti dire di sì, far accettare la tua idea, o vendere il tuo prodotto, è introdurlo con questa formula: «Prima di prendere una decisione, ricapitoliamo quello che abbiamo detto finora».

Questo sistema ti permette di lavorare sul rifiuto mentale delle persone e trasformarlo in dubbio.

Inizialmente, per diffidenza, prudenza, paura o mancanza del senso del rischio, le persone tendono a dire di no tuttavia, se riuscissi almeno a sospendere il loro giudizio prima di ricevere una vera e propria risposta negativa, allora avrai guadagnato almeno un forse (e non è poco).

A furia di esporre i pro e i contro della tua proposta, valutare i lati positivi ma anche quelli negativi della tua idea, insinuerai dei dubbi anche nel più accanito oppositore, rendendo così più facile l'opera di convincimento definitiva, o la persuasione finale.

Un modo efficace per creare un collegamento con chi ti ascolta e introdurre un elemento di empatia è pronunciare all'inizio del tuo discorso la frase «Scommetto che io e te siamo uguali nel senso che …».

Questa tecnica fa sì che il tuo ascoltatore si senta assolutamente coinvolto dalle tue parole, soprattutto se riesci veramente a identificare una caratteristica reale che vi accomuna.

Per capire al volo con che tipo di persona ti trovi ad avere a che fare, puoi leggere vari segnali (ti spiegherò in seguito quali sono). Per ora ti basti sapere che se vedrai il tuo interlocutore annuire, avrai la conferma del fatto che concorda sulla vostra somiglianza, che hai centrato l'obiettivo e che sarà molto semplice farti dire di sì.

Durante il tuo discorso è sempre una buona idea fare riferimento alla massa (il famoso gregge di cui abbiamo parlato in precedenza).

Si tratta di un trucco che funziona perché fa leva sul senso del branco che è insito in ognuno di noi.

Anche a costo di inventarlo, introduci il tuo riferimento alla massa con un'espressione del tipo "la maggior parte delle persone", seguita naturalmente dall'opinione o dalla decisione che vuoi instillare nella mente di chi ti ascolta.

Sapere che qualcun altro pensa o fa quello che tu stai cercando di vendere o dimostrare, non farà altro che indurre il tuo interlocutore a prendere una decisione molto più facilmente.

Anche annunciare la tua proposta come «La buona notizia è che…» è un ottimo trucco per predisporre positivamente i tuoi interlocutori.

Naturalmente devi far precedere alla tua proposta uno scenario negativo, stressante o complesso, in alternativa a cui poi fornirai la tua brillante soluzione, presentando la tua idea come la "buona novella".

La reazione istintiva di chi ti ascolta sarà sollievo, positività e apertura a dirti di sì.

CAPITOLO 5
FBI: funzione e storia

FBI, come è ormai risaputo dalla maggior parte delle persone, è l'acronimo per Federal Bureau of Investigation. L'FBI è una delle agenzie governative più importanti degli Stati Uniti d'America, vantando un'area di competenza che copre tutto il Paese.

Quest'agenzia venne ufficialmente istituita il 26 luglio del 1908, al fine di rappresentare il braccio operativo del più ampio Department of Justice, spesso abbreviato con l'acronimo DOJ, ovvero il dipartimento di giustizia del governo degli Stati Uniti d'America.

Creare un'agenzia governativa del genere non è stato di certo un compito facile e veloce: la sua ideazione risale almeno ad un decennio prima rispetto alla data in cui è stata annunciata al pubblico.

Secondo le ricostruzioni storiche più attendibili, i ranghi maggiori degli Stati Uniti rilevarono l'esigenza di un'agenzia specializzata nella preservazione della sicurezza del Paese sul finire dell'Ottocento.

In questo periodo, infatti, il governo degli Stati Uniti si sentiva minacciato da forze anarchiche interne e, al fine di scovare i sovversivi e coloro che potenzialmente potevano costituire una minaccia per il Paese, si avanzò l'idea di creare un'agenzia altamente qualificata per svolgere compiti investigativi.

Sotto il governo Roosevelt, quindi, vennero poste le base per un'organizzazione in grado proteggere il Paese da attacchi terroristici, basi che si tramutarono poi nel 1908 ufficialmente nella neonata FBI.

Nel corso di oltre un decennio di storia moderna e contemporanea l'FBI ha lavorato ad un'innumerevole quantità di casi celebri, occupandosi principalmente di contrastare il terrorismo e lo spionaggio.

Tra i primi casi di grandissima importanza storica affrontati dall'FBI possiamo sicuramente ricordare le azioni volte a contrastare l'influenza del Ku Klux Klan in tutto il Paese.

I successi conquistati sul campo nei primi decenni del Novecento, anche e soprattutto grazie all'utilizzo di tecniche di investigazione all'avanguardia, convinsero il governo statunitense a dare maggiori responsabilità a questa organizzazione.

Nel 1935 l'FBI viene quindi dichiarata un'agenzia indipendente, rimanendo comunque all'interno del Dipartimento di Giustizia.

Dalla Seconda Guerra Mondiale alla fine della Guerra Fredda, passando per alcune celebri indagini di importanza storica, quali ad esempio l'assassinio del presidente John Fitzgerald Kennedy, l'FBI ha visto la propria autorità crescere, fino ad arrivare a diventare l'agenzia governativa più famosa al mondo.

La fama di cui gode oggi questa agenzia non è però di certo casuale.

Se ai giorni nostri l'FBI è ormai entrata nella cultura popolare, anche grazie a innumerevoli opere cinematografiche che rappresentano le coraggiose gesta dei suoi agenti, il motivo principale è da ricercare nell'accurato lavoro volto all'attento studio dei criminali.

Una cospicua parte del sopracitato studio riguarda proprio l'analisi delle persone e in particolare la comunicazione non verbale.

Le tecniche studiate dagli esperti nel corso degli anni si sono infatti rivelate fondamentali nella lotta contro lo spionaggio e il terrorismo, andando a smascherare insospettabili sospetti e salvando così centinaia e centinaia di vite.

Ovviamente, non tutti noi siamo destinati a diventare agenti dell'FBI, ma, come abbiamo visto nel paragrafo di apertura, chiunque può trarre benefici nell'imparare queste tecniche, sia nella vita personale, sia in quella lavorativa.

La funzione dell'FBI oggi

Oggi gli agenti dell'FBI continuano nel loro compito di proteggere gli Stati Uniti d'America da minacce interne ed esterne.

Ad esempio, negli ultimi decenni è stata provata l'esistenza di cellule terroristiche dormienti anche su suolo americano.

Uno dei principali compiti degli agenti dell'FBI è scovare questi terroristi prima che possano diventare pericolosi.

Oltre al terrorismo, l'FBI continua ad occuparsi anche di azioni volte al combattere lo spionaggio straniero, alla difesa dei diritti civili, a contrastare le organizzazioni criminali e alla lotta contro la corruzione politica.

Ovviamente le indagini in questi campi sono molto delicate, rimanendo anche nella maggior parte dei casi riservate e protette per molti anni dal segreto di Stato.

Tuttavia, ciò che è certo è che i criminali di vario genere che l'FBI si ritrova a combattere non sono famosi per la facilità con cui esprimono la verità usando le parole.

Proprio per questo motivo, al fianco di capacità fisiche e intellettuali notevoli, gli agenti dell'FBI devono imparare lungo un duro percorso di addestramento anche le tecniche per l'analisi della comunicazione non verbale.

Sono gli stessi agenti dell'FBI che confermano l'importanza dello studio della comunicazione non verbale nel loro lavoro, come avrai anche modo di leggere in un capitolo dedicato esclusivamente ad un'importantissima e significativa testimonianza di un agente.

In questo contesto, saper cogliere al volo le sfumature nei comportamenti dei propri interlocutori può fare sicuramente la differenza tra vita e morte, tra sicurezza e pericolo.

Proprio per questo motivo, il reclutamento di nuovi agenti è così selettivo e l'addestramento che devono affrontare in accademia è così duro.

Questo è un argomento molto interessante, nonché estremamente utile per capire gli standard che vengono richiesti agli agenti dell'FBI.

Se analizzare le persone non è cosa semplice, come in molti sono portati a pensare, vediamo allora quali caratteristiche devono avere i migliori conoscitori di queste tecniche.

Reclutamento e addestramento

Entriamo quindi nel dettaglio e cerchiamo di capire come può fare una persona comune ad entrare nell'organizzazione che più di ogni altra riesce ad analizzare le persone.

Si potrebbe dire che l'addestramento inizi ancora prima delle prime lezioni.

La scelta delle nuove reclute, infatti, è parecchio selettiva e già solo per superare queste è necessario dimostrare di essere estremamente dotati sia dal punto di vista fisico che intellettivo.

Oltre naturalmente ad essere cittadini statunitensi, è necessario avere un'età compresa tra i ventitré e i trentasette anni, e avere la fedina penale pulita.

E fin qua tutto semplice.

Bisogna poi possedere una laurea (in America questo percorso di studi ha la durata di quattro anni) oltre ad un'esperienza lavorativa di almeno tre anni.

E anche qua, niente di particolare.

Arriviamo poi ai test.

Un primo test viene chiamato con il nome di Single Scope Background Investigation, il quale corrisponde essenzialmente ad un'investigazione da parte di specialisti del governo statunitense sul passato della potenziale nuova recluta.

Si passa poi ai test sul campo.

I futuri agenti dovranno infatti superare un durissimo test fisico, chiamato con il nome di Physical Fitness Test, il quale prevede di verificare certi standard in varie discipline aerobiche e anaerobiche.

Come si può ben notare, passare questa selezione non può prevedere un impegno di soli pochi mesi, ma, di fatto, l'impegno deve esserci stato in praticamente tutta la vita dell'aspirante agente dell'FBI.

Oltre al più banale mantenere un'eccellente forma fisica, per superare le indagini sul proprio passato, l'interessato deve dimostrare di aver seguito una certa condotta nel corso degli anni e di essersi distinto nel proprio percorso di studi e professionale.

Superata questa fase di selezione, si arriva al momento dell'addestramento.

La celeberrima accademia dell'FBI è situata all'interno del famoso complesso adibito alle attività riguardanti la sicurezza degli Stati Uniti di Quantico, in Virginia, ed è qua che inizia il bello.

I futuri Agenti Speciali dovranno infatti superare ventuno durissime settimane di corsi intensivi, comprendenti più di 500 ore di lezione teorica e oltre 1000 ore di addestramento sul campo, durante le quali si simuleranno varie situazioni, talvolta anche estreme, in cui un agente dell'FBI potrebbe trovarsi una volta operativo.

In moltissimi, pur avendo superato la già durissima selezione, abbandonano l'addestramento senza terminarlo, stremati dalle fatiche fisiche e mentali richieste.

Per coloro che riescono a portare a termine i mesi d'addestramento, arriva il momento di passare all'azione sul campo.

Tutte le nuove reclute vengono a questo punto assegnate ad una delle circa 400 sedi sparse sul territorio statunitense e anche oltre i confini del Paese.

Qua le reclute inizieranno a lavorare su casi reali, affinando le proprie conoscenze e competenze, oltre che a specializzarsi in vari compiti.

Anche dopo l'assegnazione, la legge degli Stati Uniti d'America obbliga ogni Agente Speciale o membro del personale dell'FBI al trasferimento in un'altra sede al momento della necessità e se ordinato da un superiore di grado maggiore e quindi con maggiore autorità all'interno dell'organizzazione.

Ma torniamo brevemente all'addestramento.

Tra le sopracitate 500 ore di lezione teorica, un numero piuttosto consistente viene destinato alle tecniche riguardanti la comunicazione non verbale.

Come anche già spiegato in precedenza, ma è giusto ribadirlo anche in questa sede, per un agente dell'FBI le tecniche per analizzare le persone sono fondamentali.

Aver la capacità di capire in pochissimo tempo se il proprio interlocutore stia mentendo, dicendo la verità o nascondendo qualcosa di importante, può fare la differenza tra la vita e la morte, può essere essenziale per sventare attacchi terroristici o per fermare importanti azioni di spionaggio.

Anche se non tutti siamo destinati a diventare vertici dell'FBI, possiamo imparare qualcosa dall'importanza che questa organizzazione riserva alla comunicazione non verbale nel periodo di addestramento dei suoi cadetti.

Saper analizzare le persone è fondamentale per chiunque ed è essenziale per riuscire ad avere successo in molti contesti in tutto l'arco della propria vita.

Cercando di seguire l'esempio dei corsi che si tengono nel quartier generale di Quantico, nei prossimi capitoli troverai prima dei cenni teorici e, solo successivamente, ti verranno spiegate tutte le tecniche per mettere in pratica ciò che hai imparato al fine di analizzare perfettamente le persone.

CAPITOLO 6
Psicologia nera

L a Psicologia Oscura è certamente un settore di ricerca poco noto. Non è sufficiente aprire un manuale universitario per comprendere le tendenze subconsce che consentono all'essere umano di perseguire i propri fini. La psicoanalisi – disciplina fondata dal viennese Sigmund Freud all'inizio del Novecento – è stata l'unica branca scientifica ad approssimarsi allo studio delle pulsioni che muovono l'individuo all'azione.

In questo capitolo, di conseguenza, abbiamo optato per un'analisi sistematica di alcune regole d'oro della Dark Psychology; esse ti consentiranno di approcciare la manipolazione mentale con consapevolezza e spirito critico (nonché con maggiori chances di successo).

Ecco cosa sapere.

Principio numero 1

La Psicologia Nera ha una valenza universale: non importa quale sia il tuo sesso, la tua condizione economica, il tuo ambiente geografico o il temperamento che ti caratterizza.

Ogni individuo è mosso da un numero di pulsioni elementari che possono essere manipolate.

Il persuasore provetto sa come nascondere le sue intenzioni e impiegare le tecniche – già discusse nei capitoli precedenti – per riuscire a perseguire i suoi fini.

Principio numero 2

La manipolazione mentale è ormai preponderante nella nostra società: chiunque ambisca a una posizione di leadership e potere deve mettere in pratica dei comportamenti persuasivi che hanno lo scopo di "renderlo amichevole" agli occhi degli altri.

La PNL, a tal proposito, consente di migliorare la comunicazione lavorativa/affettiva/formativa.

Principio numero 3

Non esiste una scala numerica manipolativa: in psicologia non è possibile definire un'azione più (o meno) suggestiva di un'altra. Di conseguenza, è fondamentale che l'individuo si attenga alle regole etiche e morali che pervadono la nostra società.

Prima di agire allo scopo di influenzare l'interlocutore, rispondi alla seguente domanda: "se la persona dovesse accettare la mia idea, potrebbe trarne vantaggio? Oppure finirei per negativizzarla?".

Il tuo grillo parlante sarà sempre capace di guidarti sulla giusta strada!

Principio numero 4

La Psicologia Oscura afferma che ogni essere umano possiede degli istinti violenti. Sigmund Freud, a tal proposito, parlava di "Pulsione di Morte", ossia una forza distruttiva che mira ad abbattersi su quei fattori della realtà esterna considerati dal soggetto come spiacevoli.

Di conseguenza, la pratica della manipolazione mentale è molto particolare: l'impeto degli istinti, infatti, viene trasformato in un mezzo attivo e concreto con cui modificare ciò che ostacola il raggiungimento dei nostri obiettivi (e quindi del nostro piacere personale).

Un esempio? Se sei un commerciante e desideri che il cliente acquisti un'automobile della tua concessionaria, potrai impiegare gli strumenti della persuasione verbale allo scopo di aumentare le probabilità di vendita.

La rabbia di un fallimento (o al contrario il desiderio di primeggiare sull'altro, riuscendo a chiudere la trattativa) si trasforma in una soddisfazione.

In altre parole, coloro che sono abili nella suggestione, sono conseguentemente gli individui più felici della nostra società.

Principio numero 5

Nel momento in cui un soggetto è vittima di una manipolazione mentale distruttiva (che tende a isolarlo, come abbiamo analizzato nel caso del Love Bombing), è importante prendere prontamente le sue difese.

I professionisti della salute psicologica sanno quanto siano comuni questi accadimenti.

Ogni giorno, migliaia di persone sono influenzate dalla leadership, dal carisma, dal magnetismo personale o dalle possibilità di crescita che vengono promesse sul posto di lavoro, in un negozio, in università, ecc.

Ciò che fa la differenza è lo status del manipolato: rispettare la libertà e l'autonomia soggettiva (seppur influenzando l'interlocutore a piccole dosi) è un principio inalienabile che non deve mai essere sacrificato!

CAPITOLO 7
La manipolazione nel commercio

L e tecniche di manipolazione mentale possono aiutare a vendere di più? Questa è una domanda ampiamente dibattuta. Per correttezza concettuale è bene distinguere, in questo caso, il termine ''manipolazione'' da quello di persuasione.
Le tecniche di manipolazione sono utili a farti credere di avere bisogni, necessità, problemi che in realtà non hai e non sono reali, allo scopo di proporti successivamente una soluzione a date problematiche.
La persuasione, invece, consiste nel farti individuare un problema che hai già, ignorato o sottovalutato, a cui puoi porre rimedio individuando nel mio prodotto o servizio la soluzione migliore.
La difficoltà è quindi, per il venditore, quella di proporre una soluzione che possa combaciare con ciò che il cliente richiede.
Ci sono, a questo proposito, diverse tecniche che, se applicate al marketing, consentono di comunicare l'unicità del brand e vendere un prodotto o servizio della nostra azienda.
Esse sono:

1.   Tecnica FAB
In italiano funzioni – vantaggi – benefici: questo metodo consiste, dapprima, nello spiegare le caratteristiche del prodotto o dell'azienda venditrice, nel descrivere i vantaggi di una data funzione ed infine gli impatti positivi, ovvero i benefici, per il cliente.
È importante, infatti, che questo sappia il perché dovrebbe comprare quel prodotto: il focus è sui suoi bisogni individuali.

2.   Tecnica dell'alleanza
Nel suo libro Influence, Robert Cialdini descrive una situazione ipotetica: un venditore dice al cliente di dover convincere il suo capo, affinché possa concludere un affare con lui.
Lo fa aspettare per alcuni minuti, durante i quali è in un'altra stanza apparentemente a parlare con il capo.
Poi torna dal cliente, esausto ma felice di aver potuto stringere l'accordo con quest'ultimo.

3.   Reciprocità

Recenti studi hanno dimostrato che un favore altruistico innesca in chi lo riceve la voglia di contraccambiarlo.

Questo meccanismo funziona anche nel caso di transazioni fra due parti: sono molti i professionisti che iniziano con un favore i propri colloqui di vendita.

Attenzioni immateriali, secondo Grant, portano il ricevitore a nutrire affetto per il venditore stesso.

4.   Giustificazione del perché/Scarsità

Come dimostrò la psicologa Ellen attraverso un esperimento sulle file d'attesa alle stampanti, se si motivava la ragione per cui si desiderava passare avanti nella fila (esempio banale, ''perché devo stampare'') era più semplice ottenere il favore desiderato.

La parola chiave è quindi ''perché''.

La scarsità è la più forte fra le giustificazioni del perché: i clienti sono maggiormente portati a comprare il prodotto, se pensano che la loro disponibilità stia diminuendo o che siano oggetto di interesse di un altro cliente.

5.   Raccogli – rispondi – fornisci – concludi

Questa tecnica è stata sviluppata da Ian Adams ed è incentrata sulla gestione delle informazioni, che consiste nel loro raccoglimento, nella risposta ad alcune di esse, nella loro fornitura e nella richiesta di qualcosa.

6.   Richiedere lo status quo

Questa tecnica, sviluppata anch'essa da Adams, consiste nel proporre un dato prodotto o servizio in quanto questo potrebbe migliorare l'attuale situazione del cliente.

Si crea quindi un argomento inconfutabile per creare uniformità fra venditore e cliente.

7. Tecnica SLAD

Al cliente viene detto all'interno del discorso di vendita che, nonostante le informazioni ed i contenuti aggiuntivi, è nella più completa libertà di scelta.

Ciò lo fa forte del fatto di poter conseguire una decisione in maniera del tutto indipendente.

8. Tecnica del ''Lowball''

Proposta da Robert Cialdini, consiste nel proporre un prodotto ad un prezzo vantaggioso, addirittura inferiore a quello stabilito, per poi alzare il prezzo in un secono momento.

9. Tecnica della porta in faccia
Questo metodo, proposto da Cialdini, è il contrario di quello precedente: il cliente sarà maggiormente portato ad accettare un'offerta di un minimo più bassa, se quella precedente era estrema; il principio sottostante è quello di fare una ''concessione'' al cliente.

10. Tecnica del piede nella porta
Richieste base iniziali aprono la strada all'accettazione di richieste successive più alte. Questa tecnica, confermata nel 1966 da Freedman e Fraser, pone le basi sul concetto di consistenza e coerenza con il comportamento adottato precedentemente alla seconda richiesta.

11. Vendita SPIB
Neil Rackham affermava che dei colloqui di vendita fossero di successo se al cliente venivano poste quattro tipologie di domande, relative a:
a.   Situazione: si approfondiscono informazioni generiche e si cercano punti di contatto con il cliente;
b.   Problema: si richiedono le insoddisfazioni e le difficoltà del cliente;
c.   Implicazione: si chiedono le conseguenze del problema;
d.   Bisogno di ricompensa: si richiede il valore potenziale per la risoluzione del problema.
12. Tecnica di raccomandazione
Invece di un acquisto, al cliente viene richiesto il contatto di amici che potrebbero essere interessati ad un prodotto, in maniera tale da creare prossimità e fiducia.

Una famosa tecnica per persuadere il nostro interlocutore è la così detta DTR (destrupt-then-refrain, ovvero disturba e poi ricostruisci).
In un esperimento effettuato da due ricercatori dell'Arkansas vennero venduti i biglietti di una lotteria benefica secondo due modalità: la prima consisteva nell'offrire ai clienti potenziali 8 biglietti al prezzo di 3 dollari, mentre il secondo approccio consisteva nel proporre 8 biglietti al costo di 300 centesimi, sottolineando che si trattava di un vero affare.

Nel secondo caso le vendite furono il doppio: ciò accade perché una richiesta apparentemente bizzarra scombina gli schemi con cui siamo soliti pensare ed è più suggestionante.

Un altro studio dimostra che se, durante una negoziazione, chi vende sottolinea maggiormente quello che il cliente sta guadagnando anziché quello che sta perdendo e che lo porta a spendere dei soldi, le probabilità di ottenere una concessione aumentano.

Nel caso in cui dovessi vendere un'automobile, ad esempio, sarebbe più opportuno dire «Ti darò la mia macchina per 1000 euro» piuttosto che «Voglio 1000 euro per la mia macchina».

Queste sono solo alcune delle tecniche utilizzate dai professionisti per portare a termine le loro vendite; la loro efficacia, però, è stata confermata da numerosi studi. Vale la pena tentare.

Rendi instabile il cliente

Molto spesso, il cliente non crede di aver bisogno del nostro aiuto.

Durante la fase di informazione del cliente, dobbiamo quindi instillare in lui anche diversi dubbi.

Deve arrivare a dubitare di sé stesso e della sua abilità nel portare a termine con successo il suo lavoro o di raggiungere il suo obiettivo.

E molto spesso è davvero così.

Immaginiamo di lavorare con un imprenditore che guida un'azienda di successo: per una persona nella sua situazione è facile pensare di saper gestire tutti gli aspetti della propria azienda, e quindi crederà di non avere bisogno della nostra consulenza.

La realtà può essere che la sua azienda, seppur gestita bene, avrebbe potuto raggiungere risultati ancora migliori con un approccio diverso, oppure che la crescita che lo rende così sicuro di sé stia in realtà rallentando, o che semplicemente sia sempre positiva, ma meno positiva della concorrenza (quindi si trovi in un mercato in espansione, e la sua azienda cresca più lentamente rispetto al mercato, quindi sta di fatto perdendo quote anche se aumenta il fatturato).

Lo stesso si può fare in tantissimi altri modi e contesti.

La chiave è quindi quella di far pensare al nostro potenziale cliente di aver bisogno di noi: altrimenti la decisione è già presa, ed è un "no".

Subconscio e pubblicità

Vediamo ora "la pubblicità", che si definisce come l'insieme di mezzi che hanno come obiettivo la promozione o divulgazione di informazioni, idee oppure opinioni di tipo sociale, commerciale, ecc. affinché un determinato pubblico agisca in un certo modo, pensi secondo una serie di principi o acquisti qualsiasi prodotto o servizio. La pubblicità è senza dubbio il motore delle vendite di ogni prodotto e servizio esistente al mondo e può essere normale o massiva grazie all'uso di mezzi di comunicazione quali stampa, radio, televisione, cinema o mezzi digitali.

La pubblicità ha lo scopo di persuadere un determinato pubblico affinché agisca in un certo modo e per riuscirci crea una necessità di certi prodotti o servizi affinché un gruppo di persone li acquistino e si fidelizzino come clienti permanenti.

La mente subcosciente controlla in gran misura i pensieri e le azioni degli esseri umani e ciò dimostra l'importanza che ha sapere come funziona o agisce la mente subcosciente per chi si dedica alla pubblicità o per chi vuole vendere in modo più efficace un prodotto o servizio.

Abitudini di acquisto
Uno dei principali obiettivi della pubblicità è modificare le abitudini di acquisto del pubblico target.
Ciò non è semplice dato che se le persone sono abituate a consumare o a utilizzare una certa marca, avranno un livello di resistenza al cambiamento più alto.

Pubblicità subliminale
Uno dei modi più aggressivi di manipolare le abitudini di acquisto dei possibili clienti si basa sull'utilizzare la pubblicità subliminale, attraverso cui le persone vengono portate a provare un prodotto anche se non sono state convinte coscientemente.

Qualsiasi messaggio audiovisivo, composto cioè da immagini e suoni che viene emesso sotto la soglia di percezione cosciente e che incita all'acquisto di un prodotto viene considerato pubblicità subliminale.

A livello subconscio ciò può essere considerato come una sorta di ipnosi e può manipolare le decisioni e i comportamenti degli acquirenti.

Di seguito vediamo alcuni tipi di pubblicità partendo dal punto di vista della mente subcosciente.

Passaparola o raccomandazione personale: questo genere di pubblicità viene gestito tra persone che si conoscono per consigliare marche, eventi, viaggi, esperienze.
Viene utilizzato anche dai sistemi di vendita multilivello. Nonostante questo tipo di pubblicità sia quello più economico dato che non ha bisogno di mezzi esterni, richiede che il messaggio sia molto potente e che ci sia una relazione salda tra chi consiglia il prodotto o servizio e chi si appresta a valutarne l'acquisto.

Televisione: questo tipo di pubblicità è tra i più potenti per influenzare le abitudini di acquisto delle persone.
In passato, e in alcuni casi anche oggi, gli investimenti più importanti erano dedicati a questo mezzo.
In determinati momenti storici la pubblicità televisiva ha fatto uso di messaggi subliminali.

Radio: in questo canale viene meno l'aspetto visivo e il suono, rappresentato dal tono della voce e dai contenuti espressi, costituisce il canale di comunicazione con un determinato livello di efficienza.
Questo tipo di pubblicità utilizza tecniche di locuzione, musica ed effetti di suono per creare messaggi efficaci.
Stampa: ci riferiamo a poster, cartelloni, cataloghi, depliant, pubblicità stampate su riviste e giornali, ecc.
In questo caso l'attenzione del potenziale cliente va attirata facendo leva sulle immagini e su testi accattivanti.
Internet: negli ultimi decenni la pubblicità online ha acquisito sempre più importanza.
Questo genere di pubblicità coinvolge diversi canali percettivi ed è quindi un ottimo strumento per avere impatto sulla mente subcosciente.

Neuromarketing, pubblicità diretta al subconscio:

Chi si occupa di pubblicità sa che deve sempre trovare nuovi modi per arrivare alla mente del consumatore e convincerlo del fatto che il suo prodotto è migliore di qualsiasi altro; per fare ciò gli esperti di questo settore non smettono di provare nuovi strumenti che la scienza mette a loro disposizione, ne sono un esempio la neuroscienza e le tecniche di neuromarketing.

In un famoso esperimento svolto per Pepsi, a dei soggetti veniva richiesto di provare due prodotti di cui non potevano conoscere la marca.

Risultò che poco più della metà dei partecipanti preferiva Pepsi. La marca tuttavia non si capacitava del fatto che a livello di mercato le vendite non rispecchiassero questa preferenza.

Lo studioso Read Montague, specializzato in neuroscienze, decise di studiare più a fondo la questione e si impegnò a capire che cosa succedesse nel cervello delle persone in fase di assaggio delle bibite e di selezione di quella preferita.

Studiò 67 volontari con strumenti quali i tomografi e macchine di risonanza magnetica nucleare per poter osservare quali aree cerebrali si attivavano quando si diceva ai soggetti la marca della bibita che stavano bevendo.

Risultò che l'area maggiormente attivata era la corteccia prefrontale mediale, la quale si incarica del controllo del pensiero superiore.

Montague concluse dunque che il cervello mette in relazione la marca con idee e immagini soggettive e predeterminate generando così sensazioni superiori persino a quelle percepite del prodotto.

Ciò conferma come la marca e le esperienze avute con essa in precedenza possano influenzare la percezione.

Neuromarketing
Allo studio degli effetti che produce la pubblicità nel cervello e su quanto ciò abbia ripercussioni sul comportamento di possibili clienti è stato dato il nome di "neuromarketing".

Lo strumento principale utilizzato per questo disciplina è la FMRI, ossia la Risonanza Magnetica Funzionale.

Negli scorsi decenni, grazie alle immagini che questo strumento produce, gli scienziati furono in grado di arrivare a conclusioni che i pubblicisti iniziarono a utilizzare nelle loro campagne.

In primo luogo, si capì che la decisione di acquistare un prodotto non è razionale ma deriva da forze subconscie.

Inoltre, si determinò che la maggior parte delle volte il processo di selezione di un bene è relativamente automatico; l'azione deriva infatti da una serie di abitudini acquisite lungo la vita del consumatore e da altre forze inconsce tra cui hanno molto peso la propria storia, la personalità, le caratteristiche neurofisiologiche e il contesto sociale e fisico che si ha intorno.

In altre parole, il prodotto che compri oggi è determinato da ciò che hai acquistato in passato e alle esperienze che hai avuto con esso.

Infine, il sistema emozionale, una delle aree più primordiali del cervello, ha un ruolo fondamentale nei processi mentali umani e pertanto determina gran parte delle decisioni di acquisto.

Siamo quindi marionette in mano dei pubblicisti?

Il neuromarketing si è rivelato un potente strumento per capire la relazione tra mente e comportamento del consumatore.

Gli studiosi di questo settore hanno analizzato a fondo il processo di acquisto e ormai sanno quali zone dei negozi attirano l'attenzione e quanto dura ogni azione che si porta a termine durante il processo di selezione e di acquisto di ogni oggetto. Questi dati aiutano gli esperti di marketing a organizzare la distribuzione degli articoli nel locale affinché i consumatori comprino più di quanto hanno bisogno.

Prima dell'arrivo del neuromarketing, le scienze che studiano i consumatori alle prese con gli acquisti di prodotti e servizi potevano avanzare solo speculazioni riguardo a ciò che accadeva nella mente delle persone.

Oggigiorno, grazie alle sofisticate ricerche di questo settore si può misurare con precisione cosa accade nel cervello delle persone quando un prodotto entra nel mercato.

L'influenza dei social media

Sin dal loro esordio, i social network sono apparsi come mezzi innovativi di comunicazione e condivisione di contenuti, finalizzati allo svago ed alla socializzazione.

Con il tempo essi si sono sempre più evoluti, diventando mezzi di informazione e divulgazione di un'infinita quantità di dati, una vera e propria ''finestra'' virtuale da cui poter osservare la realtà in tutte le sue sfaccettature.

E' per questo che, a poco a poco, la modalità attraverso cui proporre i vari contenuti agli utenti è cambiata e sono stati stabili criteri nuovi con cui poter individuare ciò a cui ogni utente rivolte maggiormente la sua attenzione.

Mark Zuckerber, nel 2018, introdusse il concetto di meaningful interaction per descrivere un particolare funzionamento dell'algoritmo di Facebook, in base a cui viene data precedenza alla visualizzazione di post di amici e parenti, soprattutto di quelle persone di cui in precedenza abbiamo apprezzato maggiormente i contenuti attraverso likes o condivisioni, anziché di gruppi o pagine.

Lo stesso principio è valido per l'algoritmo di Twitter e di YouTube: si mostra agli utenti ciò che vogliono vedere in base alle loro preferenze ed orientamenti.

Il 10 marzo 2018 Zeynep Tufekci fu autore di un articolo sul New York Times in cui affermava che YouTube fosse uno strumento potenzialmente pericoloso per la società, in quanto colpevole di instillare opinioni radicali nelle persone attraverso il suggerimento di contenuti sempre più estremi.

Questo meccanismo di estremizzazione riguarda qualsiasi tipo di argomento ed avviene unicamente seguendo i video raccomandati in sequenza.

Lo scopo è massimizzare il profitto facendo sì che le persone passino più tempo possibile sulla piattaforma e ciò può avvenire proponendo loro contenuti sempre più accattivanti, in grado di attirare la loro attenzione.

Nei social media, dunque, la gente tenderà a leggere solo le notizie che confermeranno e addirittura rafforzeranno le loro opinioni: questo è ciò che viene chiamato ''Echo Chamber''.

Questo termine è utilizzato per indicare una situazione metaforica in cui una specifica tipologia di opinioni e convinzioni viene rinforzata e diffusa attraverso la ripetizione e la comunicazione tra utenti che condividono lo stesso tipo di pensieri; tutto ciò avviene all'interno di un sistema chiuso, ovvero il social network. L'origine del termine rimanda ad un fenomeno acustico: così come il suono tende a diffondersi in una camera, l'informazione circola.

In una ''social media echo chamber'' le persone coinvolte nei dibattiti online diranno la loro personale opinione in gruppi in cui il loro pensiero è accettato e condiviso: ciò tenderà a rafforzarlo e ad estremizzarlo, fino a trasformarlo in una versione travisata e falsificata.

In questi contesti è difficile trovare opinioni contrastanti con cui potersi confrontare, in quanto si tende ad iscriversi unicamente a determinati gruppi social, registrarsi a blog che trattano argomenti specifici e così via.

L'echo chambers produce i suoi effetti anche per ciò che riguarda annunci pubblicitari, siti per lo shopping online o i siti Web che abbiamo visitato: ciò che ci viene proposto è un'opinione identica, una visione univoca e sempre uguale.

L'individuo si chiude nella propria "bolla", isolato da tutto ciò che c'è di culturalmente o ideologicamente diverso rispetto a ciò a cui è abituato.

Questo fenomeno è in questo senso capace di innescare e fomentare sentimenti negativi quali odio, razzismo, violenza ed estremismo, nonché una sempre maggiore polarizzazione politica e sociale: tendenze e ripetizioni potrebbero, infatti, facilitare quest'ultimo fenomeno, portando sempre più persone a conformare e rafforzare il proprio orientamento politico.

Facebook ha successivamente tentato di contrastare gli effetti della camera dell'eco e lo ha fatto modificando l'algoritmo della pagina Trending, al fine di dar modo agli utenti di visualizzare più fonti relative ad uno specifico argomento; in questo modo, fornendo una più ampia serie di notizie, i lettori sono esposti ad una molteplice varietà di punti di vista.

Per fortuna, un sondaggio condotto da una società britannica che studia l'impatto dei social media sull'opinione pubblica, solo l'8% degli utenti online adulti rimane intrappolato in una "echo chambers": ciò avviene poiché ogni individuo ha accesso ad una vasta gamma di canali di informazione, quali, ad esempio, tv, radio, giornali, siti online, blog e differenti social media.

Pertanto, le ricerche condotte prendendo come riferimento un unico tipo di social network non può rispecchiare in toto il comportamento delle persone e l'impatto di questo tipo di media da un punto di vista sociale e politico.

Al giorno d'oggi, infatti, molte persone confrontano le diverse fonti, le verificano, partecipano ad un considerevole numero di dibattiti e discussioni avendo così accesso a diverse prospettive di pensiero.

Sono quindi la diversità e varietà di informazioni, insieme allo spirito critico, le soluzioni chiave per evitare il verificarsi di questo tipo di fenomeno, che può portare a conseguenze quali la nascita di tensioni e conflitti.

CAPITOLO 8
La manipolaizone in amore

Molto spesso ci capita di incontrare qualcuno con cui scocca subito una forte sintonia.

Sentite immediatamente, sin dal primo sguardo, che quella persona potrebbe combaciare perfettamente con voi; cominciate a pensare, anche se vi siete scambiati soltanto due parole, a come sarebbe bello e perfetto poter stare insieme.

Cercate presto di capire, con una buona dose di nervosismo e di mani sudate, di gesti affrettati e di parole che zoppicano, quale potrebbe essere il metodo migliore per chiedere un appuntamento... ma poi sorgono in voi delle domande: questa persona prova lo stesso per noi? Ci vede come un possibile compagno o solo come un amico? Come dovrei chiederle di uscire con me? E dove la potrei portare? E poi, rendendovi conto che certe cose non si possono sapere, se non si testano, vi buttate... ma magari lo fate nel modo sbagliato.

Oppure, dopo un primo appuntamento finito senza primo bacio, comincerete ad aver paura di poter rovinare tutto.

Voi siete stati bene, la rivedreste anche l'indomani, e il giorno dopo ancora... Ma lei penserà lo stesso? Perché a volte ti è sembrata distante, durante la serata? Perché non è scoccato il primo bacio? Dovreste scriverle un messaggio della buonanotte, oppure aspettare che sia lei a darvi un segnale? Dovreste chiamarla? Le domande potrebbero essere infinite, dopo un primo appuntamento, e quindi non ci dilungheremo oltre.

Sarà sicuramente capitato a tutti di rovinare in partenza una relazione che, magari, avrebbe potuto essere bellissima.

Certo, voi potreste obiettare dicendo che le relazioni, quando sono destinate ad essere, sono.

Oppure ancora potreste dire che spesso si tratta di chimica: se tra due persone non scocca la scintilla dopo il primo incontro, significa che non c'è chimica.

Beh, io sono qui per dirvi che spesso, non è affatto così.

In quanti possono dire di essere completamente sé stessi, al primo appuntamento? Non si cerca sempre, forse, di apparire al meglio delle nostre possibilità? E perché lo si dovrebbe fare, se le relazioni fossero già scritte sul grande libro del destino e della chimica amorosa? Si cerca di essere al meglio, perché noi tutti sappiamo che il minimo errore, all'inizio di una storia d'amore, potrebbe risultare fatale.

In questo capitolo proveremo ad andare con ordine e cercheremo di rispondere prima alle domande legate al primo appuntamento- accetterà? Come potrò capire di piacerle? - e poi daremo qualche trucco di manipolazione innocua per fare sì che la vostra relazione si accenda e prenda fuoco, in barba al destino e alle questioni di chimica... quando si vuole ardentemente qualcosa, non c'è destino che tenga.

Quindi, cominciamo. Come capire se la donna in questione potrebbe essere interessata a noi? Sarà il caso di chiederle un appuntamento o rischierete di fare una bella figuraccia?

L'unica cosa che potrete fare, come già abbiamo visto nei capitoli precedenti, sarà quella di osservare attentamente il suo linguaggio del corpo.

Come? Innanzitutto, anche se sarete annebbiati dall'infatuazione, cercate di rimanere obiettivi.

La prima cosa da notare sarà il sorriso: quando vi siete stretti la mano e vi siete guardati negli occhi, scambiandovi il primo sguardo, lei ha sorriso apertamente? Se sì, potrebbe già essere un segnale favorevole, ma attenzione: solo questo, non basterà. Potrebbe semplicemente essere una persona molto solare ed espansiva... perciò andiamo avanti.

Mentre vi state presentando, o mentre state intrattenendo una conversazione a cui stanno partecipando anche altre persone, il suo corpo e i suoi piedi dove sono rivolti?

Se la posizione del suo corpo e dei suoi piedi è sempre orientata nella tua direzione, e magari scappa anche qualche sguardo fugace, significa che l'interesse c'è.

Ma non è ancora detto che sia un interesse forte e confermato, perciò proseguiamo!

E se la persona che ci interessa appare nervosa, siamo al 90% della conferma.

Se è un uomo e gesticola in fretta, oppure ha spesso una gamba tremolante, oppure rivolge lo sguardo a destra e a sinistra, significa che la vostra presenza lo innervosisce; una donna, oltre a potersi comportare come quanto appena scritto, potrebbe anche lisciarsi o toccarsi ripetutamente i capelli: non sarà solo per manifestare il proprio nervosismo, ma anche per cercare di apparire in ordine e seducente ai vostri occhi.

Un ulteriore piccolo test per cercare di capire se questi segnali sono tutti da rimandare all'interesse nei nostri confronti, sarà quello di provare a fare gesti specifici, come per esempio incrociare le braccia o toccarci il lobo dell'orecchio, e stare attenti a lei: se tenderà a ripetere e imitare naturalmente i nostri gesti, significherà che sarà davvero attratta da noi.

Quando avrete superato la fase di presentazione, e magari vi troverete finalmente da soli a scambiare qualche parola, ecco che arriverà il momento decisivo per avere la prova del nove: quando siamo attratti da qualcuno, tendiamo a toccarci spesso il viso: capelli, lobi, labbra.

Spesso, se l'interesse è alle stelle o se ciò che stiamo dicendo interesserà particolarmente la persona in questione, questa potrà istintivamente mordicchiarsi le labbra.

Ma non solo: la persona con cui state parlando potrà, tra un gesto e un altro, sfiorarvi "involontariamente" il braccio o le mani: segnale assolutamente chiaro del suo interesse nei vostri confronti, a meno che non si tratti di una di quelle persone invadenti, che amano toccacciare chiunque durante una chiacchierata... ma sarete benissimo in grado di capire la differenza, ve lo garantisco.

Ovviamente, infine, se avrete riscontrato nella persona con cui vi interesserebbe uscire almeno una buona parte dei segnali sopra indicati, potrete procedere a chiederle un appuntamento.

Puntate prima su un aperitivo, e poi correggete il tiro invitandola a cena: che ne diresti di fare un aperitivo insieme, una sera di queste? Pausa, o una cena... ancora meglio.

Perfetto, il gioco è fatto, ha accettato, direte voi... e invece, no. Come fare per essere sicuri di non rovinare tutto, arrivati finalmente all'appuntamento? È in questo momento che verranno in vostro soccorso le tecniche di controllo mentale, che vi saranno utilissime per riuscire a magnetizzare l'attenzione di lei o di lui su di voi, durante la vostra prima uscita.

• Contatto visivo prolungato.
La persona che vi interessa ha accettato il vostro invito a cena.
Vi siete preparati a dovere, eleganti ma non formali.

Avete prenotato in un bel posto e magari vi siete già accertati, al momento dell'organizzazione e con un po' di vaghezza, che cosa le piace mangiare maggiormente.

Le condizioni, insomma, sono ottimali.

Appena vi troverete seduti uno di fronte all'altra, quando avrete superato già la soglia dei convenevoli e quando vi avranno già servito acqua e vino, guardatela.

Non deve essere uno sguardo inquisitorio, che potrebbe metterla davvero in soggezione o potrebbe farle pensare che siate un serial killer!

Piuttosto, adottate uno sguardo curioso e cercate di fare in modo che sia dolce, ma nella giusta misura.

Potreste provare questa tecnica prima di uscire, davanti allo specchio, anche a costo di sentirvi ridicoli.

Fate che lo sguardo duri più di trenta secondi, e conditelo con un sorriso affascinato.

Lei si sentirà disorientata e confusa: dapprima penserà di avere una macchia sul vestito, o di avere il rossetto sbavato... ma poi, quando vedrà il sorriso, capirà che non si tratta di qualcosa del genere.

Si sentirà allora confusa e probabilmente arrossirà.

Dirà qualcosa di divertente per smorzare la tensione, e quando lei parlerà, voi distogliete lo sguardo senza dire nulla.

Lasciatela parlare, o farfugliare tra i rossori, e poi versatele del vino.

Dite solo, dopo un po': sono contento di essere qui con te.

La confusione che sarete riusciti a generare in lei, le farà avere le farfalle nello stomaco.

L'amore in fondo, non è forse sentirsi confusi, sopra le nuvole?

• Non parlate troppo, ma ascoltate molto.

Non ubriacatela con le vostre massime di vita o con le vostre esperienze per impressionarla, ma cercate di rendervi silenziosi. Fate che sia lei a parlare e dimostratevi interessati a ciò che ha da dire.

Fatele delle domande e lasciate che parli con naturalezza.

Quando sembrerà aver finito, incalzatela chiedendole sempre qualcosa in più.

A cosa servirà questo trucco? Innanzitutto, vi renderà misterioso: lei non sa ancora molto di voi, ma voi sapete davvero tanto di lei... e poi lei potrebbe arrivare a dire cose molto personali, che non avrebbe mai pensato di poter raccontare a uno sconosciuto.

Ai suoi occhi apparirete allora già come una persona degna di fiducia, ma anche come una persona speciale: se è riuscita a dirvi cose private con naturalezza, significa che voi avete un gran potere.

Tutto questo non lo penserà consciamente, ma la porterà a guardarvi con occhi pieni di ammirazione e di fiducia.

* Incamerate più dettagli possibili.

Nel suo flusso di coscienza avviato durante la cena, quando l'avete lasciata parlare a briglie sciolte, vi avrà dato sicuramente un numero molto elevato di informazioni personali: la sua data di nascita, il luogo in cui è nata, il nome dei suoi genitori, il nome del suo cane, il nome del suo capo e magari anche il nome di quella collega che non le va giù.

Il vostro compito, durante l'ascolto, sarà quello di incamerare più informazioni possibili, per poterle tirare fuori a tempo debito. Quando, al secondo appuntamento, le chiederete come sta Pablo? Riferendosi al suo cagnolino, anche se lei lo ha nominato una volta soltanto, la farà sentire importante.

Si tratta di piccoli trucchi, è vero, ma risulteranno efficacissimi. Possono rientrare di diritto nell'ambito del controllo mentale?

Sì, perché la persona con cui li utilizzerete non si accorgerà affatto, di tutto ciò.

Non cercherete di convincerla, non sarà evidente il vostro scopo persuasivo: sarà qualcosa di più.

Riuscirete a muovere i fili della relazione dall'interno, creando una rete di fiducia e di attrazione che difficilmente l'altro potrà snodare.

Ricordate sempre, fino a che non riuscirete a superare almeno i primi due mesi, di mantenere tensione: non concedetevi mai in pieno, ma lasciate che l'altro lo faccia del tutto.

Quando e solo quando l'altra persona si sarà data completamente a voi, allora potrete allentare il trucco, e subentrare pienamente come voi stessi siete.

Manipolazione emotiva nella coppia

Quando si parla di violenza psicologica nella coppia, parliamo di manipolazione emotiva.

Si crea una situazione nella quale le due persone, da un lato il manipolatore e dall'altro lato la vittima, sono complementari.

Infatti la donna è alla ricerca di affetto, di approvazione, di potersi fidare di qualcuno mentre il manipolatore ricerca il controllo ed ha necessità di avere sempre ragione.

Non è esclusivamente un problema che può manifestarsi all'interno della coppia, ma può accadere di subire manipolazione emotiva anche sul luogo di lavoro, ad esempio da parte del capo.

I primi sintomi si manifestano con l'aumento dell'ansia, del senso di disagio e nella negazione della realtà pur di accondiscendere il proprio manipolatore.

Violenza psicologica

Il primo passo è dunque riconoscere se si è vittima di violenza psicologica.

Ecco di seguito i segnali ai quali porre attenzione, cercando di fare un'autoanalisi che sia il più possibile onesta e realista.

• Atteggiamenti passivo-aggressivi
Sono finalizzati a far sentire in colpa la donna, a dubitare di sé stessa e delle sue azioni.
Si manifestano con comportamenti ambigui, musi lunghi, frasi interrotte a metà, toni accesi senza alcuna motivazione e tutta una serie di atteggiamenti che mirano a far sentire la donna colpevole di qualcosa.

• Silenzio e indifferenza
Queste due tattiche sono le più semplici da utilizzare e puntano a far sentire la vittima abbandonata a sé stessa, senza alcuna considerazione, creandole ansia e disagio.
• Critiche ed umiliazioni
 Le critiche gratuite e le continue umiliazioni tendono a svalutare la figura della donna sia sul piano fisico che su quello mentale.
Si riconoscono perché sono continue ed attaccano la donna su più fronti, dal semplice abbigliamento fino al lavoro o alla sua capacità di crescere i figli.

Lo scopo finale è quello di indebolire le difese emotive della vittima, annullare la sua autostima, farla sentire inadeguata e dunque instillare in lei un profondo desiderio di legarsi ancor più al suo carnefice.

• Gaslighting
Abbiamo già precedentemente visto questa tecnica che consiste soprattutto nel mettere in dubbio percezioni, memoria e senso di realtà della vittima.
Lo scopo è quello di aumentare la sensazione di dipendenza psicologica.
Si attua esclusivamente con le parole.

• Inversione dei ruoli
Il carnefice diventa vittima con lo scopo di scaricare tutte le responsabilità sulla donna.
Questa inversione dei ruoli fa si che la donna si senta in colpa e cerchi di assecondare i desideri del manipolatore per riconquistare la sua fiducia.

• Gelosia patologica
Questa condizione che colpisce il manipolatore non ha nulla a che vedere con sentimenti d'amore o affetto.
Per lui la donna è una sua proprietà e quindi è ossessionato dalla possibilità che questa possa non più assecondarlo.
La gelosia patologica si manifesta con comportamenti ossessivi e reazioni violente e esagerate, senza alcuna reale motivazione alla base.

• Minacce e ricatti
Questi segnali sono particolarmente pericolosi perché possono sfociare in vera e propria violenza fisica.
Solitamente però la donna manipolata si limita ad accontentare il suo carnefice e ad accettare le sue richieste.

• Screditare gli altri
Lo scopo è quello di isolare la donna da tutti i suoi affetti e da tutte le sue amicizie.
Per far ciò il manipolatore getta discredito su tutte le persone che circondano la compagna.

Come le donne manipolano gl uomini

Diamo uno sguardo anche alla controparte perché, anche se è vero che i casi pesanti di manipolazione psicologica nella coppia sono ai danni della donna, è altresì vero che le donne sono coloro che, anche inconsapevolmente, utilizzano il maggior numero di tecniche di manipolazione per attirare l'attenzione di un uomo.

• Mostrare i propri punti di forza fisici
Mettere un bel seno in evidenza, fare gli occhioni da cucciolo, indossare un paio di jeans attillati o mettere un rossetto vivace sono solo alcune delle tecniche che utilizzano le donne per far girare la testa agli uomini.
È una questione fisica e l'uomo non ha alcuna difesa.
Anche una voce dolce o una parola sussurrata nel modo giusto sono in grado di aprire la mente di un uomo con la stessa facilità con la quale si può rompere un uovo.

• Piangere
Qualsiasi uomo (almeno la maggiore parte) è portato per natura a difendere una donna.
Se una donna è in difficoltà l'uomo accorre, se una donna è incinta l'uomo le cede il posto sulla metro, e così via.
Il pianto è il segnale che invia una donna per far capire di essere in difficoltà, di essere sconfitta dalle circostanze.
Ovviamente alcune donne piangono "a comando" ed utilizzano questa potente arma per manipolare l'uomo.

• Intimità
Questa tecnica è inutile spiegarla ed è un'estremizzazione della prima che abbiamo visto.

• Utilizzo dei nomignoli
Ad un ragazzo può sembrare simpatico essere chiamato con un nomignolo ma la donna lo fa solamente in due occasioni: quando è felice e va tutto bene oppure quando deve convincere l'uomo a fare qualcosa.

L'uomo abituato ad essere contento di essere chiamato con un nomignolo non noterà la differenza tra le due occasioni ed eseguirà il suo compito.

• Competizione
Mettere il proprio ragazzo in competizione con gli altri fa sì che questo faccia di tutto per essere alla sua altezza.
"Il ragazzo di Sophia passa l'aspirapolvere in casa tutte le mattine!".
Questa tecnica tende a portare il ragazzo ad ingelosirsi mentre la propria ragazza sembra guardare altrove.

• Freddezza
Ignorare, far capire con il silenzio che c'è qualcosa che non va bene oppure utilizzare il giusto tono per dire solamente "Va bene!" facendo capire che non va assolutamente bene.
È una tecnica di manipolazione vecchia ma sempre efficace.

• Assillare
È la tecnica che le donne utilizzano affinché il proprio uomo compia un'azione che non vorrebbe fare.
L'uomo è spinto dalla necessità di sollevarsi da una posizione sgradevole e fastidiosa, con la donna che ripete continuamente lo stesso comando.

• Avere l'ultima parola
Chi ha l'ultima parola in una discussione è di certo l'elemento dominante della coppia.
Non si arriva facilmente ad ottenere questo risultato ma di solito se l'ultima parola è della donna, l'uomo impazzisce.

• Fingere di essere d'accordo
Questa tecnica può essere utilizzata anche quando non si riesce ad ottenere l'ultima parola.
Se la discussione si prolunga la donna la termina fingendo di essere d'accordo ma, ovviamente, premurandosi prima di far capire all'uomo di non essere assolutamente d'accordo.
Questa tecnica utilizza toni di voce e gesti che vanno in disaccordo con la parola.

• Fingere di essere sottomessi

Questa è una tecnica molto sottile che spesso è utilizzata dalle donne più furbe.

Assomiglia a quella già vista del "fingersi vittima".

Fingersi sottomessi infatti fa sì che si possa convincere l'altro a compiere un'azione facendogli credere che sia stata frutto del suo pensiero.

Immagina una donna avvinghiata al suo uomo che lo riempie di coccole, facendosi piccola tra le sue braccia.

Questo è un atteggiamento di sottomissione al quale però può accompagnare la frase "Va bene caro, domani mi accompagni a fare shopping ma solo per un'ora, non di più.".

• Fingersi imbranate

Quando una donna non vuol fare qualcosa può semplicemente limitarsi a fingere di non saperla fare.

A ciò basta che aggiunga qualche lusinga e qualche complimento verso il proprio partner che è in grado di fare tutto... ed il gioco è fatto!

CAPITOLO 9
Ipnosi

Non pensare al mago che si vede sul palcoscenico e che schioccando le dita fa addormentare una persona presa dal pubblico e le fa fare tutto quello che vuole.

Elimina questa immagine dalla tua mente, perché non stiamo parlando di questo.

L'ipnosi è un meccanismo che fa parte di noi, come la respirazione.

Ti sarà capitato mille volte di camminare o di guidare senza rendertene conto, senza essere pienamente cosciente di quello che stavi facendo.

Hai inserito il pilota automatico: sei vigile e sveglio ma non conscio.

Oppure, magari, ti sarà capitato mentre leggi un libro che ti appassiona particolarmente: sei talmente immerso nella storia, nei personaggi e nelle emozioni che stai provando che non ti rendi conto del tempo che passa.

Allora, ti piacerebbe saperne di più sull'ipnosi?

Benvenuto nel mondo dell'ipnosi colloquiale: un'abilità che si può apprendere facilmente e che dà risultati strepitosi.

L'ipnosi colloquiale funziona così bene perché non si tratta di fare un lavaggio del cervello o di far addormentare qualcuno muovendo un oggetto davanti ai suoi occhi.

Si tratta di modificare la mente degli altri lasciandoli credere di avere sempre il pieno controllo delle loro decisioni.

Ti è mai capitato di essere in un negozio e, dopo aver parlato con un commesso, ti sei ritrovato direttamente alla cassa con la carta di credito in mano? Eppure, eri lì solo per dare un'occhiata e non per comprare qualcosa.

Probabilmente il commesso ha utilizzato una forma di ipnosi colloquiale su di te.

Allora, come si impara l'ipnosi?

In poche parole, hai bisogno di diventare un maestro nell'arte del linguaggio del corpo: devi saper leggere le espressioni facciali e i gesti molto velocemente per avere un'idea chiara della persona che stai ipnotizzando.

Devi imparare a capire i messaggi subliminali nelle conversazioni e devi avere un'infarinatura generale di sociologia e di psicologia.

Tutto questo potrebbe sembrarti difficile all'inizio ma, giuro, non si tratta di astrofisica.

Con l'atteggiamento giusto e tanta pratica puoi raggiungere un buon livello molto velocemente.

Conversazione ipnotica

La prima cosa da definire quando si parla di ipnosi conversazionale è che questa non ha quasi nulla a che vedere con l'ipnosi tradizionale.

La stessa modalità d'approccio verso il soggetto da manipolare è la principale caratteristica che differenzia queste due tipologie di ipnosi. Quella "standard" richiede la messa a fuoco e l'attenzione del soggetto da ipnotizzare, mentre l'ipnosi conversazionale si concentra sull'applicazione di tecniche che lo vanno ad "ammorbidire" usando, ad esempio, stati di confusione, fatica, attenzione diretta e frasi interrotte.

Anche le emozioni hanno un ruolo importante perché, come vedremo, tutto si gioca sul campo dell'inconscio.

Sei davanti alla televisione a vedere un bellissimo film sulla seconda guerra mondiale.

Un sottomarino è appena stato colpito ed inizia ad affondare sempre più in profondità.

 L'equipaggio fa di tutto per riparare i danni, il comandante lancia ordini ben precisi e…

…ed ecco che parte la pubblicità: la pubblicità di un nuovo shampoo per capelli.

La tua mente cosciente è occupata a pensare se l'equipaggio del sottomarino riuscirà a salvarsi e quindi il messaggio pubblicitario riesce a colpire il tuo subconscio senza essere filtrato.

Ricomincia il film e tu non saprai mai delle tecniche utilizzare su di te per farti accettare un messaggio pubblicitario e, probabilmente, appena rivedrai quella confezione di shampoo al supermercato, il tuo subconscio sarà lì ad avvisarti.

Non sei consapevole di ciò che è accaduto.

(effetto Zeigarnik che vedremo in seguito).

È importante mettere l'accento sulla differente modalità d'approccio perché sono queste che stabiliscono se il soggetto coinvolto è consapevole o meno del fatto che si stiano effettuando verso la sua persona tecniche finalizzate all'ipnosi.

Infatti l'ipnosi tradizionale prevede che la persona interessata sia consapevole della situazione e abbia piena coscienza di tutto ciò a cui andrà incontro: l'ipnotista è un soggetto ben riconoscibile e che esercita il proprio ruolo in modo trasparente, mettendo a conoscenza il proprio paziente di tutto ciò che andrà ad eseguire.

Di contro l'ipnosi conversazionale è il termine che indica l'intero processo che si attua per cercare di comunicare con la mente inconscia di un'altra persona senza però informare il soggetto che verrà ipnotizzato.

L'obiettivo è dunque quello di modificare il comportamento altrui in modo subconscio, con la finalità che la persona ipnotizzata creda di agire o di prendere decisioni secondo la propria volontà.

Proprio perché questo tipo di ipnosi viene tentata senza che il soggetto ne sia a conoscenza, di solito durante una normale conversazione, viene chiamata anche ipnosi segreta.

Ipnosi segreta è un termine ampiamente usato dai sostenitori della programmazione neurolinguistica (PNL) che è un approccio pseudoscientifico alla comunicazione e all'interazione tra persone.

Secondo alcuni sostenitori della PNL, l'ipnosi segreta è il potere ultimo di controllare le menti, che consente di cambiare i comportamenti e di far sì che una persona soddisfi qualsiasi desiderio, senza che mai lo sappia.

Una visione più delicata definisce l'ipnosi conversazionale semplicemente come uno strumento di controllo molto potente, usato sia per influenzare aspetti decisionali che per ottenere informazioni da una persona che è sveglia e senza che questa ne sia deliberatamente consapevole.

Come puoi ben vedere non esiste una definizione univoca e definitiva di ipnosi conversazionale ma tutte queste convergono sull'idea di riuscire a comunicare con la mente inconscia di qualcuno senza che quella persona in particolare se ne accorga.

Tecniche di ipnosi

Sono diverse le tecniche che possono essere utilizzate durante un tentativo di ipnosi conversazionale.

Non sono semplici e richiedono molta preparazione perché qualsiasi tentativo deve essere effettuato nella massima naturalezza.

Possono essere utilizzate sia per crearsi un varco verso il subconscio della persona che abbiamo davanti, sia per verificare che i tentativi siano andati a buon fine.

Vediamone alcune sulle quali è possibile iniziare ad esercitarsi.

1. Interruzione dell'abitudine

Gli esseri umani sono abitudinari, le abitudini che si formano nella nostra testa e quelle che attecchiscono nel nostro subconscio determinano gran parte della nostra vita.

Si guida un'automobile in modo automatico, si accende l'interruttore quando è buio in modo automatico, alcuni accendono una sigaretta in modo automatico.

Quindi, quando si incontra un amico ci si attende automaticamente che ci si saluti con una stretta di mano.

Le abitudini (se buone abitudini) sono tutt'altro che negative e riducono la quantità di dati da elaborare che la nostra mente cosciente deve fare ogni giorno.

La tecnica di interruzione dell'abitudine consiste nel creare un cortocircuito inconscio interrompendo un'abitudine molto popolare.

Quando ciò avviene si crea un arco temporale di circa 5 secondi all'interno del quale è possibile dialogare direttamente con il subconscio dell'altra persona ed eventualmente inviare comandi ipnotici.

Una celeberrima tecnica associata all'interruzione è quella della stretta di mano (divenuta famosa grazie al padre dell'ipnoterapia Milton Erikson).

Le strette di mano sono la forma di saluto più comune nella nostra società. Incontri un amico e gli stringi la mano.

La tecnica dell'interruzione della stretta di mano scuote il subconscio sconvolgendo una comune norma sociale.

Infatti, invece di stringere la mano come accade normalmente, l'ipnotizzatore interromperebbe il modello che la nostra mente ha stabilito afferrando il polso oppure tirando il soggetto in avanti e fuori equilibrio.

Con lo schema interrotto, la mente del subconscio è improvvisamente aperta e pronta ad essere suggestionata.

2. Tecnica del rilassamento

Il rilassamento è una delle tecniche basi dell'ipnosi classica. "Allungati, chiudi gli occhi e rilassati". Perché i terapeuti chiedono di "mettersi a proprio agio" e utilizzano sempre un comodo divano su cui sdraiarsi? No, non è cortesia.

Il rilassamento è un metodo comune usato dai terapeuti: se il cliente è rilassato, può cadere in trance e la mente è aperta alla suggestione.

Ovviamente un conto è effettuare un tentativo classico di ipnosi, un altro è tentare un'ipnosi segreta dove il soggetto non è a conoscenza di tale tentativo: non si può chiedergli di rilassarsi.

La tecnica di rilassamento più comune che può essere adottata anche durante un tentativo di ipnosi segreta è quella di parlare con un tono morbido, senza presenza di eccessivi sbalzi del tono della voce.

3. Osservazione degli occhi

Più che per aprire le porte dell'inconscio, l'osservazione degli occhi torna utile per capire se il soggetto sta utilizzando la parte conscia della sua mente o quella inconscia.

La destra gestisce il lato più "creativo" e cosciente mentre la sinistra è il lato "pratico" ed è gestito dal subconscio.

Durante una tentata ipnosi segreta è bene osservare con attenzione lo sguardo dell'altra persona.

Se gli occhi guardano a sinistra (la destra dell'osservatore) allora la persona sta accedendo alle informazioni presenti nel suo subconscio ed ha temporaneamente abbandonato il suo essere cosciente.

Anche uno sguardo fisso su un oggetto (anche il famoso sguardo fisso nel vuoto) è un segnale interessante che ci fa capire come la mente inconscia sia attiva.

Questi sono segnali che indicano che è possibile tentare di inviare un suggerimento ipnotico.

4. Enfatizzazione a sinistra

La suddivisione della mente conscia e subconscia nei due emisferi fa sì che si possa sfruttare una tecnica molto interessante anche se particolarmente complessa da mettere in pratica.

Infatti richiede grande esercitazione perché la tempistica e la precisione d'applicazione è determinante.

La tecnica consiste nel parlare con il nostro interlocutore cercando di ottenere un contatto visivo stabile.

A quel punto si può scegliere se fissare e parlare al lato destro del soggetto (quello conscio) oppure al lato sinistro (quello inconscio).

Il discorso non può essere improvvisato perché è necessario sapere cosa dire al lato destro e cosa dire al lato sinistro!

Cerco di spiegarlo con un esempio.

"Ho capito che hai dei dubbi riguardo il prodotto però, GUARDAMI! Credo che prendere la giusta decisione DEVI RILASSARTI e pensare a quanto ti potrà essere utile.

Tutti coloro che hanno deciso di COMPRARE QUESTO PRODOTTO hanno avuto enormi benefici.".

Si parte fissando l'occhio destro per poi spostarsi rapidamente a quello sinistro enfatizzando la parola "GUARDAMI" per poi tornare subito a fissare il destro e proseguire fino a "DEVI RILASSARTI" che deve essere nuovamente pronunciato in direzione dell'emisfero sinistra, per poi subito tornare a rivolgersi a destra, e così via.

Questo è una tecnica molto complessa che presuppone una enorme abilità nella gestione dei tempi e dei toni della propria voca.

Il tutto deve risultare comunque naturale.

Durante una conversazione lunga, la mente inconscia del soggetto inizierà a comprendere quali sono le parole rimarcate, le più importanti del discorso poiché saranno enfatizzate dal tono e dallo sguardo.

5. Tecnica della direzione sbagliata

Pensiamo ad un mago che agita la sua bacchetta magica e poi estrae il coniglio dal cilindro.

Il pubblico è in visibilio, come ha potuto compiere una tale magia?

Grazie alla bacchetta magica!

No, non sono impazzito.

Sicuramente la manualità nell'eseguire un numero di magia è determinante ma la bacchetta magica è quell'elemento che tutti sottovalutano.

Infatti chiunque è consapevole che la bacchetta in sé non ha nulla di magico ma il mago, agitandola con la mano sinistra, utilizza la tecnica della distrazione attirando lo sguardo del pubblico nel lato sbagliato e permettendogli di operare indisturbato con la mano destra.

Riuscire a catapultare mentalmente su una spiaggia rilassante una persona carica di ansia e preoccupazioni crea un cortocircuito in grado di aprire un varco verso il subconscio.

6. La metafora

L'utilizzo della metafora è una tecnica utilizzata per cambiare la percezione del soggetto su un determinato argomento.

Ipotizziamo che l'argomento sia la perdita di peso.

Sicuramente il soggetto vede questa cosa come una fatica, come un insieme di privazioni, come una sfida dura da affrontare e solitamente parte già battuto.

Ipotizziamo che il soggetto sia anche un grande appassionato di calcio.

Perché non provare ad associare un percorso di perdita di peso al percorso necessario per vincere la Champions League?

"Perdere peso è come affrontare il cammino per vincere la Coppa dei Campioni. All'inizio si incontrano squadre più deboli, l'obiettivo è lontano e la motivazione è minore. Però man mano che si prosegue lungo il cammino si iniziano a vedere i risultati dell'allenamento quotidiano.

Ogni giorno è come una partita, un passo in più verso la finale.".

In generale le metafore sono considerate terapeutiche.

Ecco una delle più classiche:

Il tuo corpo è come una macchina. Fornisci il giusto carburante e si comporterà bene. Se trascuri la manutenzione o utilizzi carburante scadente si romperà.

7. L'illusione della scelta

Questa tecnica ipnotica è utilizzata inconsapevolmente molto spesso dai genitori verso i propri figli.

Consiste nel porre una domanda che prevede due possibili scelte, solo che la stessa domanda è illusoria dato che solo una è la scelta possibile.

"Mangi tutto oppure vuoi andare a letto senza mangiare?".
In questo caso la domanda prevede due opzioni ma la seconda, che presuppone anche l'andare a dormire, è scartata in partenza.
Un altro esempio può essere "Vuoi andare a dormire adesso oppure tra 10 minuti?".
Davanti a questa domanda il bambino ha l'illusione di poter scegliere ma la realtà è che è il genitore a stabilire che andrà a letto tra dieci minuti.

8. L'ambiguità

"Gli oratori sono più veementi quando la loro causa è debole" (Cicerone)
La tecnica dell'ambiguità è una di quelle che maggiormente subiamo ogni giorno, la definisco la tecnica del politico.
L'uso di discorsi ambigui è un modo comune con cui molti leader di partito o dittatori affamati di potere ipnotizzano le masse.
Molti cosiddetti grandi leader politici non sono altro che abili oratori che riescono a bypassare il pensiero critico.
Il più delle volte i discorsi dei leader politici sono privi di logica.
Sono pieni di ambiguità e di slogan vaghi che non hanno altro scopo se non quello di stuzzicare le emozioni della folla.
Un leader logico che usa un discorso chiaro e non ambiguo e non suscita le emozioni del popolo difficilmente ha la meglio.
Questo accade perché la mente cosciente non trova difficoltà a capire il significato di frasi semplici e logiche.
Anzi, queste tendono spesso anche ad annoiare l'ascoltatore.
Invece l'uso parole vaghe e ben calibrate per suscitare le emozioni, ha un effetto devastante.
La mente cosciente è impegnata a capire il significato logico della frase (che non esiste) e, nel frattempo, viene bombardata di suggerimenti.
Immagina un politico che inserisce questo post su Facebook:
"Italiani! Basta! È ora di svegliarsi e correre nelle piazze per il cambiamento! Dobbiamo scegliere una nuova strada e solo insieme possiamo farlo! E si può fare solo votando il Partito Xyz!".

Un'accozzaglia di frasi senza senso e senza filo logico che però sono utilissime ad unire intere folle.

9. Le congiunzioni

L'uso delle congiunzioni è una tecnica di ipnosi sia tradizionale che nascosta.
Questa tecnica di ipnosi segreta comporta l'affermazione di alcune verità assolute che il pubblico o il soggetto può verificare immediatamente.
Dopo aver dato una serie di informazioni ovviamente corrette si aggiunge, mediante l'utilizzo di una congiunzione, il messaggio che si vuole trasmettere.
A quel punto chi ascolta è predisposto ad accettare quello stesso messaggio nell'insieme delle verità che lo hanno preceduto.
Infatti mentre inizialmente la mente conscia analizza tutti i messaggi che riceve, una volta abituata ad accettarli come veri (perché palesemente veri) abbassa la guardia, si impigrisce e perde la sua capacità di controllo.
Una serie di messaggi veri provoca inoltre un aumento della fiducia.
Quando un oratore riesce a costruirsi la fiducia a livello conscio, guadagna il potere di programmare la mente inconscia con qualsiasi suggerimento desideri inviare.

10. Le presupposizioni

L'uso delle presupposizioni è molto comune nel settore delle vendite.
Consiste nell'abilità di utilizzare una presupposizione non verificata.
Faccio un esempio.
Affermare subito "L'aspirapolvere che ha davanti è il migliore sul mercato!" porta immediatamente una risposta da parte della mente conscia del potenziale cliente: "E chi l'ha detto? Quali sono le prove?".
Il cliente in questo caso va subito sulla difensiva.
Però la stessa frase è possibile utilizzarla come presupposizione.

"Presupponendo che l'aspirapolvere che ha davanti sia il migliore sul mercato, quante cose potrebbe fare in più durante la giornata con il tempo risparmiato ad eliminare la polvere dai pavimenti?".

In pratica si offre il proprio suggerimento come verità assoluta (si presuppone) per poi spostare l'attenzione del cliente a ragionare su un'altra situazione.

In questo caso il risparmio del tempo evoca anche belle emozioni.

11. Tono della voce

L'intonazione e il tono della voce determinano a livello inconscio profondo che tipo di frase si sta ascoltando.

La stessa frase può essere interpretata in modo diverso a seconda della tonalità.

Una frase con tonalità discendente (alta all'inizio e bassa alla fine) apre il modulo di comando nella mente del soggetto che abbiamo difronte.

È più probabile che le persone facciano quello che gli si chiede di fare quando si parla con un tono discendente, perché la loro mente lo elabora come un comando.

Curiosità: Mesmer e il "magnetismo animale"

Franz Mesmer, fu un medico austriaco che dedicò la sua intera carriera alla medicina e alla cura di malattie di ogni genere.

Trascorse la sua vita da medico a Vienna, ove ebbe la possibilità di applicare le sue teorie a pazienti presumibilmente affetti da malattie rare.

Egli, per i casi ove era necessario ricorrere all'ipnotismo, somministrava al paziente un misterioso fluido magnetico che poteva irradiare quello che chiamava il "magnetismo animale".

L'ipnotizzatore affermò che, mediante la somministrazione ti tale fluido, era possibile curare qualsiasi malattia gli si presentava davanti.

Ci riuscì così notevolmente che la sua fama si diffuse in tutta Europa, attribuendo a questo inspiegabile fenomeno il nome di "mesmerismo".

Il mesmerismo indica quel fenomeno associato al suo strano potere, che ha il permesso di effettuare delle sedute ipnotiche nei pazienti e di curare le loro malattie.

Il risultato che Mesmer raggiunse all'apice della sua carriera, fu così importante e così riconosciuto al livello internazionale, che durante la sua ascesa, decise di lasciare Vienna e di trasferirsi a Parigi, ove vigeva un ambiente medico-scientifico più liberale.

Si presume infatti che egli non potette più esercitare nella sua amata Vienna a causa delle sue pratiche non condivise dal comitato dei medici austriaci.

Tuttavia, anche la sua carriera francese ebbe gli stessi notevoli risultati e riuscì ad affermarsi in Francia, applicando la tecnica del "magnetismo animale" come mezzo per innescare lo stato ipnotico nei suoi pazienti in cura.

Tale fenomeno però innescò un clima di critiche sempre più pungenti fra il comitato dei medici dell'epoca, i quali decisero di verificare una volta per tutte la fondatezza delle sue teorie, tramite l'istituzione di una commissione tecnica che analizzò nel dettaglio le sue cure "miracolose".

Il verdetto finale fu senza alcun dubbio positivo: la commissione, nella figura del rappresentante Benjamin Franklin, concluse stabilendo che i rimedi erano fondati e reali poiché nessuno riuscì a fornire un'alternativa soddisfacente alla teoria del "magnetismo animale" di Mesmer.

Purtroppo, pur riconoscendo l'importanza di tale teoria, tutta questa pubblicità sfavorevole, vide Mesmer costretto a rinunciare alla sua funzione di medico e fuggì in Svizzera, dove morì nel 1815.

Dopo la sua morte, la diffusione dell'ipnotismo non si arrestò, difatti si iniziò a parlare non più di "magnetismo umano", ma di "terapia suggestiva", che pian piano si diffuse in tutta Europa, ma con una consapevolezza differente.

Ad esempio, il fisico inglese James Esdaile, usò l'ipnotismo come anestetico, eseguendo diverse operazioni significative nel 1800.

La teoria di un fluido magnetico proposta da Mesmer fu dunque scartata e sostituita dal principio della terapia suggestiva.

Oggi, persiste tale visione dell'ipnotismo, anche se la teoria di Mesmer sul "magnetismo animale" ha recentemente rinnovato l'interesse.

Varie prove scientifiche hanno dimostrato che il "magnetismo umano" di Mesner sia un fattore chiave per sviluppare nel paziente uno stato ipnotico utile ad agire sulla malattia e identificarne la cura.

CAPITOLO 10
Crescita personale

C osì come esistono modi adeguati a gestire una compagnia, esistono modi efficaci per gestire la tua vita.
Esistono migliaia di libri che parlano di questo argomento, ma la maggior parte non si riescono a leggere.
Comunque, rimane il fatto che molte persone hanno abitudini limitanti che non consentono loro di raggiungere i loro traguardi e il loro massimo potenziale.
Alcuni consigli contenuti nella letteratura della crescita personale sono validi, il problema si pone quando questi suggerimenti devono essere messi in pratica per far sì che siano efficaci.

Guarda e impara
Impara dal successo è il consiglio principale di Peter Drucker, re dei guru: se in una situazione vedi che tutti falliscono e pochi hanno successo domandati che cosa hanno fatto di diverso rispetto agli altri.
Guardati intorno e copia quello che fanno le persone di successo a modo tuo. Funziona!

Stabilisci degli obbiettivi
Lo stress e il fallimento sono il risultato del conflitto tra i vari ruoli che hai nella vita, ad esempio tra il tuo lavoro a tempo pieno, il tuo ruolo di genitore, il tuo ruolo di partner ecc.
Non puoi essere perfetto in tutti i ruoli che svolgi.
È utile fare una lista in ordine di importanza di tutti i ruoli della tua vita.
Consulta spesso questa lista e chiediti se stai svolgendo bene il tuo compito o se stai dando più importanza a un ruolo rispetto che ad un altro.
Con il tempo imparerai a gestire meglio la tua energia.
Gli obiettivi devono essere specifici, raggiungibili, misurabili e devono avere una data di scadenza.
Visualizzali giornalmente in modo tale da restare concentrato e motivato.
È importante che gli obiettivi che stabilisci siano di processo e non di risultato.

Gli obiettivi di processo sono quelli che ti fanno sviluppare un'abitudine: se vuoi perdere dei kg di troppo, puoi iniziare a fare movimento tutti i giorni per poco tempo, diciamo 10 minuti.

Una volta appresa l'abitudine, sarà più semplice passare ai 15 minuti e così via e a quel punto avrai perso quei kg di troppo come conseguenza della tua nuova abitudine.

Il segreto è trasformare un obiettivo di risultato in un obiettivo di processo così da renderlo un'abitudine e passare subito all'azione.

Imposta le tue priorità

Probabilmente hai molte cose da fare e poco tempo a disposizione e proprio per questo motivo è fondamentale dare la giusta importanza ad ogni cosa.

Fai prima le cose difficili così il resto della giornata sarà in discesa.

Interrogati

La tua vita lavorativa potrebbe essere molto più semplice se ti domandassi: tutti gli sforzi che faccio sono necessari?

Non dare per scontato nulla perché spesso quello che è sempre stato fatto in quel determinato modo magari non è così efficace come tutti credono.

Valuta i tuoi progressi

Valuta te stesso costantemente, senza giudicarti e senza impuntarti sugli errori che hai commesso.

Dai più importanza alle cose che hai fatto bene e ai tuoi sentimenti positivi.

Fai una lista dei tuoi punti di forza e cerca di capire se stai usando tutte le tue abilità nella vita di tutti i giorni.

È importante identificare anche i tuoi punti deboli in modo tale da capire se è possibile migliorare qualcosa.

Cambia la tua vita

Come società, siamo sempre stanchi, abbiamo problemi a dormire la notte e abbiamo poca energia da spendere con i nostri cari o per fare le cose che amiamo.

Non abbiamo energia neanche per cucinare un piatto sano... perché?

Perché la maggior parte della nostra riserva di energia viene risucchiata ogni giorno facendo un lavoro che odiamo.

Scoprire che cosa ti piace non è il risultato di un sondaggio a crocette.
Può essere un processo che dura una vita.
Lungo la strada farai diversi lavori che ti porteranno a capire cosa ti piace e cosa no.
Identifica i tuoi valori e crea una lista di obiettivi correlati.

Identifica il tuo temperamento.
• Molti di noi hanno imparato quali sono i punti di forza, cosa ci viene naturale fare.
• Potresti non esserne ancora a conoscenza; potresti aver continuato a cantare come soprano per tutti questi anni quando in realtà sei un contralto.
• Devi scoprire qual è il tuo talento naturale e svilupparlo.
Esplora varie possibilità e scegline una da provare.
• È come scegliere se voler imparare a suonare il piano o il violino
• La tua decisione rifletterà i tuoi valori, i tuoi obiettivi e il tuo temperamento.
Prova delle alternative
• Dovrai provare diverse opzioni prima di capire cosa è meglio per te.
• Datti tempo.
Poi fallo e basta.
• Molti di noi sono molto bravi a scegliere ma non tanto a fare.

Come essere magnetici

La gente può dimenticare ciò che le hai detto, ciò che hai fatto ma difficilmente è in grado di dimenticare come l'hai fatta sentire. Quando si pensa a una persona "magnetica" è probabile che venga in mente l'immagine di qualcuno che, non si sa bene perché dato che non c'entra la bellezza né l'aspetto estetico, attira l'attenzione semplicemente con la sua presenza.
Nonostante alcune persone possano avere questo talento dalla nascita, chiunque può identificare ed "esercitare" queste otto caratteristiche per diventare una persona magnetica.

Non parlare in modo categorico

Essere categorico implica affermare o negare qualcosa in modo assoluto, senza condizioni né alternative, in modo rigido.

Quando dici qualcosa come "La Juventus è la migliore squadra del mondo, punto e basta", come se si trattasse di una considerazione appena emessa dall'ONU, generi poco magnetismo perché questo concetto può avere in realtà un'infinità di sfumature.

Le persone magnetiche parlano di ciò che gli piace o di ciò che ammirano in un altro modo; comunicano diversi aspetti di un concetto e non sono categorici, la frase potrebbe essere più simile a: "Può essere che la Juventus, in qualche momento storico, sia stata la migliore squadra del panorama italiano".

Concedi il beneficio del dubbio

Per capire l'importanza di seguire questo concetto per diventare una persona magnetica basti pensare al seguente esempio: immagina di essere al lavoro e che un cliente o collaboratore ti promette di chiamarti il venerdì mattina ma arriva la fine della giornata e non hai ancora ricevuto sue notizie.

Se non sei una persona magnetica è probabile che, prima di sapere che cosa possa essere successo, metta in discussione l'affidabilità di quella persona o che arrivi a dirgli: "Fai sempre così", "Sono stanco di vedere come non mantieni le promesse".

Ciò ti fa perdere carisma e ti trasforma in una persona poco magnetica.

Chi lo è davvero è in grado di trasformare le accuse, "le sgridate" e la rabbia in domande e utilizzano una frase "magica": "Forse c'è stata un'incomprensione o qualche errore…".

Non mettendo in gioco accuse e non mettendo in discussione in partenza le altre persone, incentivi l'avvicinamento e il magnetismo.

Non generalizzare

Quando dici frasi come "Tutti dovrebbero essere estroversi" potresti ferire più di quanto immagini chi è timido e riservato per natura.

A volte si pronunciano sentenze con una sfumatura universale che in realtà fanno riferimento a una situazione specifica e puntuale del tempo, da contestualizzare.

Per questo quando bisogna fare un'affermazione o dare un consiglio gli esperti consigliano di fermarsi e soppesare ciò che si sta per dire e capire se è una verità universale o invece una semplice preferenza personale.

Un trucco utile è iniziare le frasi con "Secondo la mia esperienza…";
non è infatti la stessa cosa dire "Tutti dovrebbero essere estroversi"
rispetto a "Secondo la mia esperienza conviene parlare con la gente
ed essere aperti alle relazioni interpersonali."

Evita le parole assolute
Utilizzi spesso parole come "sempre", "mai", "tutto" o "niente"? Se
credi che le sentenze rigide e taglienti offrano un'immagine di te
paragonabile a quella di una persona forte potresti dover cambiare
opinione.
Utilizzare un linguaggio più diplomatico con intercalari come
"tuttavia", "probabilmente", "potrebbe darsi", "alcune persone
credono" ecc. può risultare più efficace; evita le parole rigide, sii
flessibile e aperto per ottenere un migliore equilibrio interiore e
migliorare anche le relazioni interpersonali nella vita privata e sul
lavoro.

Usa l'espressione: "Io credo che"
Al momento di dire la tua corri il rischio di esprimere sentenze
assolute che, in qualche modo, creano una sorta di gerarchia nella
relazione con l'altro.
Se a una persona che ha appena esposto il suo progetto gli dici che
non è adeguato, otterrai come risultato che si sentirà inferiore.
Per essere magnetico è importante evitare di stabilire queste gerarchie
invisibili.
Per farlo bisogna eliminare il giudizio di valore e trasformarlo in una
semplice opinione.

Utilizza un linguaggio di conciliazione
Questo consiglio si allinea con un altro, quello di concedere sempre
il beneficio del dubbio e con l'importanza di eliminare giudizi di
valore su cose e persone.
Se una persona vuole acquisire magnetismo deve evitare di cadere
nella tentazione di dare le colpe in modo subdolo o di mettere
costantemente in dubbio ciò che fanno o dicono gli altri.

Evita commenti da megalomane
Adottare un comportamento che riflette una posizione sociale ed
economica superiore a quella reale è davvero poco consigliabile,
sminuisce e non rende interessanti.

Qualsiasi cosa che ha l'intenzione di far sentire inferiori gli altri o che trasmette il fatto che li si considera di minor valore ha come effetto il loro allontanamento.

Questo genere di comportamento non aumenta il carisma, bensì garantisce l'effetto contrario.

Elimina il sarcasmo
L'ironia, la crudeltà e i commenti sarcastici, sia se fatti con amarezza che per lamentarsi di qualcosa, non aiutano a guadagnare magnetismo.

Ciò che si dice seriamente può avere l'effetto di un muro nella comunicazione, ciò che invece dici con sarcasmo ricorda piuttosto una tenda; in questo senso quando fai un commento ironico cerca di puntare su una qualità positiva dell'altro e non negativa, così facendo creerai una certa connessione con l'interlocutore che potrà ridere più facilmente della tua battuta.

Caratteristiche della personalità di una persona magnetica
Secondo alcuni esperti chi è magnetico è, in generale, una persona che ha lavorato su se stesso, educando il suo carattere; la sua visione del mondo è ricca e gli permette di spendersi in diversi ambiti con entusiasmo.

Si tratta di una persona che affronta i problemi, che si preoccupa per gli altri e che è in costante ricerca di sapere qualcosa di più. Sviluppa la sua personalità per adeguarsi a un numero sempre maggiore di persone.

Il grande potere di seduzione dell'empatia è sempre più evidente. Si materializza come una sorta di necessità impellente che la persona magnetica sente rispetto al capire l'altro, scoprire nuove idee o forgiare nuovi modi di pensare.

La sua capacità di ascolto è chiara e sa stabilire relazioni armoniose sia con uomini che con donne, li capisce, li appoggia a un livello profondo e ciò fa sì che sia molto amato sia come amico che come partner.

Essere un leader grazie al carisma

Il carisma che consente ad alcune persone di ricoprire ruoli di leadership è un fattore con cui si nasce o un elemento che è possibile acquisire? La verità, come spesso accade, sta nel mezzo: se in molti ritengono che esperienza, impegno, costanza e tenacia consentono di aumentare il proprio magnetismo personale, altri sono dell'idea contraria.

In un articolo pubblicato nel 2002 da Melvin Sorcher e James Brant sulle pagine dell'Harvard Business Review, si legge che: "la nostra esperienza ci ha portato a credere che gran parte della leadership sia già insita nelle persone prima che raggiungano i venticinque anni".

E in effetti, basti pensare ai giovanissimi rappresentanti di classe/d'istituto del tuo vecchio liceo, all'intrepido capitano della quadra di calcio in cui ti allenavi da bambino o ancora al motivato musicista, ricco di fascino, che appena adolescente aveva già appreso come suonare svariati riff alla chitarra elettrica.

In ogni caso, sono stati molteplici i programmi sviluppati ad hoc da aziende e brand di varia natura per far emergere lo spirito carismatico e accattivante presente in ognuno di noi.

In questo capitolo, di conseguenza, vale la pena approfondire i risultati e gli sforzi che hanno già arricchito il campo di ricerca in questione.

Essere un leader è fondamentale per apparire sicuro e saldo nelle tue posizioni: inoltre, il magnetismo personale ti permetterà di essere molto più incisivo ed efficiente nel corso delle piccole "manipolazioni mentali quotidiane". Il motivo?

In primo luogo, i capi ricchi di charme e fascino sono abili comunicatori: impiegare la parola in modo persuasivo, infatti, consente di dare vita a frasi eloquenti, incisive e ricche di empatia. Lo sanno bene i promotori di un programma di formazione noto al grande pubblico sotto il nome di Leadership Trasformazionale: colui che veste i panni del boss deve essere un modello di riferimento positivo per i suoi dipendenti.

Costui deve essere capace di generare una vera e propria trasformazione comportamentale nei suoi seguaci, riuscendo a direzionare le sorti del team dove egli pensa sia più utile. Influenzare lo status mentale di una persona, come avrai appreso nel corso di questo manuale, significa prima di tutto riuscire a emozionare, ovvero a suscitare una reazione affettiva forte e rivoluzionaria.

In secondo luogo, un vero leader trasformazionale non può tralasciare l'importanza della motivazione: spingere gli ascoltatori a impegnarsi duramente (in inglese, "work hard") in vista del traguardo finale, consente di far emergere la parte migliore dei membri del team.

Attenzione però, mai generalizzare: dal momento che ogni persona ha bisogno di un sostegno mentale differente, è necessario che il capo carismatico sia consapevole di dover impiegare una forma di considerazione individualizzata.

In terzo luogo, sì al carisma! Meglio evitare arroganza, paura del fallimento e incapacità di assumersi la responsabilità delle proprie azioni: per imprimere nella mente dell'uditorio un impulso al cambiamento, infatti, il leader deve apparire umano, non altezzoso. Non è collezionando solo successi che si riuscirà a raggiungere la vetta sperata: molto spesso, fare leva sugli sbagli e sui piccoli errori della quotidianità – raccontandoli agli interlocutori in modo empatico e motivazionale – consente di ottenere risultati più stabili e duraturi in futuro.

Prima di arrivare ai consigli pratici da applicare fin da subito per diventare un leader trasformazionale di successo, vogliamo concludere la nostra breve panoramica informativa citando uno studio condotto da Richard Arvey, Professore del Dipartimento di Management e Organizzazione dell'Università Nazionale di Singapore (NUS).

Il docente, affiancato dai suoi ricercatori, è giunto alla conclusione che "la leadership è per circa 2/3 acquisita e per 1/3 talento naturale". Di conseguenza, non resta che costruire un percorso di crescita soggettivo capace di mettere in evidenza le tue doti carismatiche e persuasive: ecco come.

Esercizi pratici per i leader del domani, tra ricerca scientifica e intuito emotivo

Esercizio numero 1: la possibilità non è contemplata

Il leader trasformazionale non tentenna: le sue promesse non sono semplici idee di cambiamento, ma un punto di partenza da cui agire, da cui mettere in atto le rivoluzioni proposte.

Di conseguenza, la prossima volta che desideri motivare qualcuno a tal punto da spingerlo all'azione, elimina dal tuo vocabolario "proverò/farò del mio meglio/cercherò" e opta per la combo "io" + "futuro semplice."

Un esempio? "Andrò io personalmente a chiudere la trattativa con l'azienda. Non resta altro da fare che preparare il contratto di collaborazione!".

In questo modo, l'uditorio comprenderà che il tuo non è un semplice fare per gioco, ma un obiettivo concreto che deve solo essere realizzato.

Chi non vorrebbe darti una mano, a questo punto?

Esercizio numero 2: le scuse sono un pericoloso contrattempo

Ogni individuo è portatore di ideali, opinioni e riflessioni personali.

Qualora volessi dare valore alle tue posizioni, non scusarti mai per aver detto e/o pensato una data cosa.

Potrà sembrare banale, ma frasi del tipo "so che molto probabilmente ho sbagliato, ma" oppure "vi chiedo scusa, ovviamente è solo un mio punto di vista" daranno l'impressione che tu non sia per niente appassionato di ciò che stai comunicando. I grandi oratori – coloro che da sempre hanno impiegato la parola come mezzo di persuasione – sanno perfettamente che ogni espressione (anche la più semplice) dovrà essere pronunciata in modo convincente e appassionato.

Minimizzare o svalutare il tuo parere non serve né a te né all'interlocutore e rischia di trasformare una grande idea in un nulla di fatto.

Esercizio numero 3: un'idea di marketing per aumentare il tuo carisma

Hai mai sentito parlare di Brand Identity? Ognuno di noi è una piccola (grande) imprenditoria.

Nel momento in cui dobbiamo vendere le nostre idee, infatti, è necessario apparire autorevoli e capaci di soddisfare i bisogni dei nostri interlocutori.

Di conseguenza, cerca di scovare dei tratti caratteriali o personali che possano renderti popolare e facilmente riconoscibile.

Utilizzi alcune espressioni ricorrenti? Gesticoli in modo da dare verve alle tue parole? Nel momento in cui comprendi quale elemento ti consente di aumentare l'impatto dei tuoi discorsi, ti consigliamo di ripetere lo stratagemma più e più volte fino a renderlo il tuo marchio di fabbrica.

Esercizio numero 4: do ut des (con un'eccezione)

I latini erano soliti affermare do ut des (letteralmente, "io do affinché tu dia).

In altre parole, ogni favore fatto determina un vantaggio che la controparte si sente in dovere di ricambiare.

Ne abbiamo già parlato nelle pagine precedenti a proposito della prima regola persuasiva di Robert Cialdini, quella di Reciprocità. Ebbene, gli individui carismatici che desiderano diventare leader trasformazionali hanno il compito di apportare valore nelle vite dei soggetti che li circondano.

Nel momento in cui sceglierai di aiutare sinceramente qualcun altro, riuscirai a legare a te la persona in questione; quest'ultima vorrà continuare ad apprendere i segreti che, passo dopo passo, sarai pronto a svelare al tuo uditorio.

In che modo? Impiega una sana dose di umorismo: la capacità di affrontare gli argomenti (anche quelli più spinosi) con leggerezza e dinamismo, infatti, è una dote da vero persuasore!

La prossima volta che ti relazioni a un collega in difficoltà, ad esempio, scherza bonariamente in sua compagnia e risolvi il problema che lo sta opprimendo.

Sei riuscito a trovare una soluzione? Ironizzate assieme sui piccoli contrattempi d'ufficio e torna subito dopo alle tue occupazioni: il magnetismo personale percepito schizzerà alle stelle (te lo possiamo assicurare!).

L'empatia

Capita spesso di sentirsi profondamente coinvolti nei discorsi di un'altra persona, al punto tale da condividerne le sue stesse emozioni, provare la stessa angoscia o la stessa pena.
Capita altrettanto spesso di commuoversi guardando un film o leggendo un libro.
Questo accade perché c'è qualcosa nell'essere umano che gli consente di entrare profondamente in contatto con l'altro.
Tutto ciò prende il nome di "empatia", con questo termine si indica la capacità di cui dispongono gli esseri umani, di partecipare alle vicende dei suoi simili e di sapersi immedesimare, pertanto, nella loro stessa condizione.
Si spiega in questo modo il fatto di provare dolore quando si vede una persona che piange e felicità quando si vede qualcuno ridere. È grazie all'empatia che si riesce a comprendere cosa hanno in mente gli altri e se ne possono anticipare le intenzioni, i desideri e i comportamenti.
Questo processo di immedesimazione era già conosciuto a Platone e Aristotele che erano consapevoli del processo che si innescava in particolar modo tra spettatore ed eroe tragico nel teatro.
Sarà nel 1906, infine, che Theodor Lipps descriverà l'empatia come funzione psicologica fondamentale per la partecipazione emotiva.
Concetto ulteriormente sviluppato da Edith Stein nel 1917, secondo cui l'empatia è l'atto attraverso cui la realtà di un altro, che non abbiamo ancora vissuto e che forse non vivremo mai diventa elemento dell'esperienza personale.
A livello scientifico, quest' abilità di connessione con gli altri è spiegata attraverso l'esistenza di un'attività neurale che potrebbe essere considerata come la base scientifica dell'empatia: i neuroni specchio.
Si tratta di neuroni che stimolano un gesto emulativo quando ci si trova dinanzi ad un soggetto che sta compiendo una determinata azione.

L'esempio immediato per comprenderne il funzionamento è ciò che accade quando si vede qualcuno sbadigliare, in questo caso, infatti, si tende a imitarne immediatamente il comportamento.

Ad aver individuato per prima le componenti dell'empatia è Norma Feshbach, psicologa americana, che ha scomposto il processo emozionale di empatia individuandone le fasi e distinguendole in due fasi in cui sono richieste abilità cognitive e un'ultima fase che riguarda la sfera affettiva ed emotiva.

Esse sono:

1.   Fase della decodificazione degli stati emotivi dell'altro, in cui si comprendono gli altrui stati emotivi;
2.   Fase della assunzione del ruolo e della prospettiva altrui, in cui ci si "mette nei panni altrui";
3.   Fase della risposta affettiva alle emozioni provate dagli altri, in cui si provano le stesse emozioni.

Secondo quanto detto tutti dovrebbero provare empatia a meno che non siano privi di questi neuroni, ma questo non è totalmente vero. Questo accade perché il processo cognitivo descritto non necessariamente comporta un vissuto di compassione o pietà, questi ultimi sentimenti si sviluppano dalla motivazione personale, ad esempio, o dai fattori relazionali, quindi prescindono dall'empatia.

Esistono, infatti, due tipi di empatia:

1. Empatia positiva
È quella capacità di entrare in relazione emotiva con gli altri, di partecipare, quindi, all'altrui gioia o dolore.
Spesso confusa con la simpatia, che in realtà provoca una preoccupazione per qualcuno o il desiderio di vedere quella persona in uno stato di benessere.
Questo è ben diverso dal "sentire dentro" tipico dell'empatia, che richiede sicuramente un maggior impegno e una maggiore disponibilità.
2. Empatia negativa
Essa caratterizza coloro che non riescono a provare empatia, poiché nel confronto con gli altri prendere il sopravvento il proprio vissuto e le proprie emozioni e questo ostacola l'attenzione verso l'altro.
È facile comprendere che questa barriera che impedisce di entrare in empatia con l'altro, può derivare da un'esperienza negativa funge da ostacolo alla partecipazione emotiva.

A questo punto si è portati a domandarsi se sia importante essere empatici e perché farsi carico anche delle emozioni altrui.

A tal riguardo è opportuno chiarire che essere empatici non riguarda solo la sfera esterna e, quindi i rapporti con gli altri, ma fornisce la chiave per riconoscere le proprie emozioni.

Inoltre una persona empatica migliora le proprie scelte morali, poiché si cercherà di non infliggerle agli altri emozioni spiacevoli se le si provano in prima persona; allo stesso modo sarà più semplice gioire della gioia altrui se si provano emozioni positive.

Appreso questo la seconda domanda che ci si pone è se sia possibile imparare ad essere empatici.

La risposta è sicuramente positiva, anche se non è semplice.

A tal riguardo David Jeffrey, ricercatore scozzese, nel suo libro "Exploring Empathy with Medical Students" nel quale ha sostenuto che professionisti in ambito medico dovrebbero fare un uso maggiore dell'empatia nella relazione con i pazienti, ha avanzato alcune proposte su come raggiungere questo obiettivo. Tra i suggerimenti proposti alcuni sono applicabili nella quotidianità da tutti.

Un valido suggerimento, tra gli altri, è chiedersi "come si sente l'altro".

In altre parole occorre esercitarsi nell'assumere la prospettiva altrui, immedesimarsi nell'altro tenendo conto del suo contesto e della sua storia di vita.

A questo si aggiungono la meditazione, la scrittura creativa e il role playing.

Su queste pratiche già in passato sono stati effettuati molti studi che hanno cercato di stimare la loro validità;

di recente, gli scienziati della Emory University hanno condotto una analisi più specifica pubblicata su "Social Cognitive and Affective Neuroscience".

Questa analisi ha confermato che queste attività aumentano la capacità empatica, in particolare, il role playing, che consiste nel recitare la parte della persona che sta soffrendo, per assumerne la prospettiva e comprenderla a fondo.

Il metodo della scrittura creativa consiste nel costruire una storia su un personaggio immaginario.

Seguire le vicende del protagonista del racconto, infatti, induce a immedesimarsi in un punto di vista diverso dal proprio e a provare empatia per le vicende che affronta.

Infine, attraverso la meditazione si entra più a contatto con le proprie e altrui emozioni in modo senza giudicare.

Perché è proprio l'assenza di giudizio che consente di avvicinarsi agli altri, occorre quindi cercare di non emettere giudizi, nemmeno interiormente, non assegnare etichette, non definire chi ci parla in un senso piuttosto che nell'altro.

Riuscendo a disfarsi di questo modo di fare, infatti, si vedrebbe la gente in modo più autentico, si comprenderebbero meglio le emozioni altrui e si proverebbe empatia.

CAPITOLO 11
La piramide di Maslow

Capire le motivazioni profonde delle persone, che le portano a compiere determinate azioni e non altre, è un passaggio fondamentale per chiunque desideri diventare un comunicatore efficace, magnetico e persuasivo, per nostra fortuna abbiamo a disposizione uno strumento utilissimo per analizzare i bisogni fondamentali di una persona: la piramide di Maslow.

Abraham Maslow era il primo di sette figli in una famiglia di immigranti ebrei di origine russa e tutt'oggi è considerato uno dei più autorevoli esponenti della "psicologia umanistica" dal 1951 al 1969 fu a capo del dipartimento di Psicologia dell'Università Brandeis, a Waltham, nello stato americano del Massachusetts. Divenne noto a livello mondiale per aver classificato i bisogni umani secondo una sua originale gerarchia, nella cosiddetta piramide che, per l'appunto, prende il suo nome, nel 1954 pubblicò "Motivazione e personalità", dove espose per la prima volta questa sua importante teoria.

In questo suo famoso testo lo studioso illustra una gerarchia di motivazioni in cui nei livelli inferiori si trovano i bisogni primari e di tipo fisiologico, e, nella misura in cui si sale a quelli superiori, si trova in cima la piena realizzazione del potenziale umano, cioè l'auto-realizzazione dell'individuo.

Questo modello si basa sulla teoria che ogni individuo è unico e irripetibile mentre i bisogni sono invece comuni a tutti, secondo Maslow, sia i bisogni che le motivazioni hanno lo stesso significato e sono strutturati per gradi, connessi tra loro in una gerarchia.

Secondo lo studioso americano le persone vogliono soddisfare i loro bisogni in senso ascendente, ma hanno bisogno di soddisfare i bisogni di ogni livello, se non completamente almeno parzialmente, per poter permettere ai bisogni di livello successivo di manifestarsi, il passaggio a uno stadio superiore può avvenire solo dopo che un bisogno dello stato inferiore è stato soddisfatto.

Maslow sostiene che la base di partenza utile per poter studiare l'individuo è la sua stessa considerazione intesa però come tutto il suo insieme di bisogni, inoltre, lo studioso sostiene che il saper riconoscere i bisogni dell'individuo riesce a favorire un'assistenza mirata al soggetto.

È la gerarchia stessa dei bisogni a stabilire la sua priorità di soddisfazione, questo vuol dire che si può davvero motivare un individuo solo se si riesce a soddisfarne i livelli insoddisfatti nella Piramide di Maslow.

Nota bene che, sempre secondo questa teoria, la soddisfazione di un bisogno rende poco sensibile una persona verso bisogni simili dello stesso livello, ma sarà spinto a cercare di soddisfare i bisogni appartenenti ai livelli più alti.

In pratica nell'analisi di Maslow, è implicito il concetto di "cambiamento evolutivo" secondo cui un individuo tutela la sua sopravvivenza attraverso la soddisfazione dei bisogni primari per poi andare a preoccuparsi di quelli superiori.

Maslow ipotizza che lo sviluppo professionale dell'individuo avviene completando un percorso di soddisfazione dei bisogni, secondo un iter a senso unico ascendente e graduale.

Il modello a piramide verte tutta la sua teoria sul meccanismo di autodeterminazione individuale e fa risalire le spinte motivazionali esclusivamente a fattori interni, uno dei limiti principali e delle critiche più frequenti a cui questo sistema è soggetto è quello dell'ignorare l'interazione tra l'individuo e l'ambiente esterno. Non sempre un individuo deve attraversare tutti i livelli della scala e, infine, secondo l'ipotesi proposta da Marlow un individuo non può essere spinto da più bisogni contemporaneamente.

Puoi però soffermarti su un altro aspetto di questa teoria, decisamente importante e motivante, cioè sul fatto che l'autorealizzazione di un individuo richiede una serie di caratteristiche di personalità, competenze sociali e capacità tecniche.

La buona notizia è che si tratta di caratteristiche e qualità che puoi migliorare allenandoti, quindi sì, anche questa è una piramide ma non è chiusa come quelle composte da caste e hai sempre la possibilità di salire fino in cima, migliorandoti verso il successo! Ora preparati ad affrontare in dettaglio la piramide dei bisogni di Maslow.

Le fondamenta di questa piramide consistono nei bisogni essenziali, necessari per la sopravvivenza individuale, salendo si può arrivare al vertice dove si trovano bisogni di tipo immateriale. Qui di seguito trovi la classificazione dei bisogni secondo la piramide motivazionale di Maslow.

Gli esseri umani, lungo la storia, hanno sviluppato dei meccanismi per soddisfare i loro bisogni, con la comparsa dei sistemi sociali entrò in scena anche il consumo, l'azione e l'effetto di consumare prodotti per soddisfare tali necessità, la decisione di consumare è frutto di una serie di fattori che condizionano i desideri.

Bisogni fisiologici
I bisogni fisiologici sono quelli che hanno a che fare con la sopravvivenza.

Oggigiorno l'alimentazione è un bisogno basilare per le persone che vivono in situazioni molto precarie o per quelle che abitano zone del mondo in cui è complicato ottenere il fabbisogno alimentare necessario ogni giorno.

Per chi invece ottiene cibo in modo abbastanza semplice, mangiare non rappresenta un bisogno basilare e può rientrare invece in un bisogno di autorealizzazione, per questo decidiamo di acquistare un prodotto e non un altro per le sue caratteristiche di diverso tipo.

Bisogni di sicurezza e protezione
Anche questo genere di bisogni, come i precedenti, non sono più un problema in alcune parti del mondo (purtroppo non in tutte) e quando spendiamo i soldi per un'assicurazione, per un sistema di allarme per la casa o per un antivirus per il computer in realtà non temiamo per la nostra vita, lo facciamo per proteggere certi beni o semplicemente per sentirci più sicuri e vivere in modo più comodo e spensierato.

Bisogni di affiliazione e affetto
Man mano che i bisogni primari alla base della piramide vengono soddisfatti, la nostra preoccupazione si sposta verso bisogni di ordine superiore.

Arriviamo quindi a preoccuparci delle relazioni con altri membri della società; la continuità della specie d'altronde dipende dal nostro essere in grado di entrare in relazione con gli altri, dal riuscire ad appartenere a un gruppo e dall'essere apprezzati dagli altri.

Attualmente questa è una delle necessità principali che muove il sistema di consumo nelle società più sviluppate.

Gli individui vivono in contesti sociali sempre più saturi e non è facile instaurare relazioni sincere e profonde con la maggior parte delle persone del contesto in cui si vive.

Per questo, le persone cercano di integrarsi in gruppi e collettivi sentendosi parte di mode, legandosi a marche o a tendenze oppure prendendo parte attiva ai social network.

Bisogno di stima

Come conseguenza dell'appartenenza a un gruppo, ogni persona desidera sentirsi apprezzata e che gli altri contino su di lei.

Dal punto di vista antropologico questo bisogno ha molto a che vedere con la riproduzione della specie.

Oggigiorno la stima ha più a che fare con l'integrazione sociale e con il bisogno di sentirsi supportati dal collettivo con cui condividiamo idee, interessi e gusti.

Di conseguenza, le marche che sono in grado di trasmettere ai clienti più fedeli la loro stima nei loro confronti sono quelle che ottengono maggiori risultati in termini di fidelizzazione dei clienti.

Bisogno di autorealizzazione

Alla cima della piramide dei bisogni di Maslow si trova la necessità che ogni individuo ha di sentirsi realizzato e pienamente soddisfatto della sua esistenza; solo grazie al raggiungimento di questa vetta può sentirsi davvero felice.

Tuttavia, il mercato si incarica di generare sempre nuove risposte per soddisfare i bisogni e ciò attiva nuove necessità di acquisto per appartenere a uno specifico gruppo o per poter ricevere supporto da esso.

Ciò comporta che difficilmente riusciamo a sentirci pienamente felici.

Un punto chiave è che i bisogni fondamentali, dopo essere stati soddisfatti tendono a non essere più percepiti come impellenti, mentre quelli sociali e relazionali hanno la tendenza a ripresentarsi dopo una prima soddisfazione con nuovi e più ambiziosi obiettivi da raggiungere.

Nasce quindi da qui quella sensazione di insoddisfazione, sul lavoro o nella vita pubblica e privata, si tratta di un fenomeno abbastanza diffuso che trova la sua causa nella mancata realizzazione delle proprie potenzialità.

Ricorda: tutti i comportamenti umani sono guidati dalla ricerca di esaudire uno o più dei bisogni umani fondamentali.

Se ti fermi un attimo ad analizzare attentamente la teoria di Maslow, noterai da solo le critiche che gli sono state mosse nel corso degli anni.

Puoi però fare una sana autocritica analizzando la tua capacità di soddisfare i tuoi bisogni e, proprio in base a ciò, puoi comprendere quali sono le necessità degli altri e come questi si muovono per realizzarle.

Dopo aver analizzato la situazione sarai a conoscenza di cosa vogliono gli altri, così potrai decidere cosa dire, cosa offrirgli e in quale modo poterli convincere.

Fattori che influiscono sui bisogni

Esistono diversi fattori che influiscono nella risoluzione delle necessità individuali e che condizionano la presa di decisioni:

1.   Fattori fisiologici: si tratta di fattori che influiscono nei bisogni di soddisfare gli aspetti più basilari dell'esistenza. Quando abbiamo fame o freddo non possiamo pensare ad altro e abbiamo un impellente bisogno di soddisfare questi bisogni.

Se ci sentiamo in pericolo il nostro cervello è programmato per dare risposte con soluzioni che ci mettano al sicuro dalla minaccia.

2.   Fattori socio-culturali: d'altro canto, esistono fattori determinati dalla nostra appartenenza a un gruppo sociale, oppure a una regione a una cultura che definiscono il nostro modo di soddisfare il bisogno. I fattori socio-culturali vengono trasferiti alle marche e alle mode ed esistono tendenze o modalità di consumo che sono segnate dai gusti sviluppati dai dipartimenti di marketing delle aziende.

3.   Fattori geo-ambientali: come per le culture anche il luogo in cui abitiamo o il clima della regione in cui viviamo influiscono sulle modalità di consumo.

4.   Fattori economici: senza dubbio, nella società di consumo attuale, il fattore che influisce maggiormente nel modo di consumare prodotti o servizi per soddisfare dei bisogni è la nostra capacità economica.

In funzione delle nostre possibilità ci troviamo a mangiare dei prodotti e non altri, viviamo in un luogo più o meno protetto, apparteniamo a un gruppo sociale e non ad altri e cerchiamo affetto in un contesto che rientra nelle nostre possibilità.
Il mercato offre soluzioni per ogni necessità e per ogni livello economico.

Come persuadere basandosi sui bisogni
Gli esseri umani vogliono sempre di più e ciò implica che esisteranno sempre nuovi livelli di soddisfazione, di piacere, di allegria che possono essere goduti e sfruttati per convincere le persone a fare qualcosa.
Tendiamo a non accontentarci di ciò che abbiamo e avremo sempre dei bisogni anche se a volte ci dimentichiamo di averli.

Secondo Maslow, il modo migliore di motivare e persuadere una persona è offrirgli il soddisfacimento di un bisogno importante; le motivazioni alla base della piramide sono più potenti ma anche più brevi nel tempo mentre quelle della parte superiore tendono a durare più a lungo ma non sono così forti.
Una forte motivazione può sicuramente determinare un comportamento rendendoci più impulsivi, non facendoci pensare alle conseguenze delle nostre azioni.

Per questo in ambito pubblicitario è importante far credere al cliente che ha bisogno del tuo prodotto.
Se vendi delle scarpe, ad esempio, invece di basarti solo sulla loro comodità puoi far riflettere il cliente sul fatto che sono prestigiose e che andranno incontro al suo bisogno di accettazione da parte di una comunità o di persone di un livello sociale superiore a cui lui vorrebbe appartenere.
Elaborando una mappa dell'empatia del cliente ideale è importante definire tutti i suoi bisogni, su tutti i livelli e pensare a come un prodotto può andare incontro ad ognuno di essi.

Esercizi

Come avrai capito, il sistema ideato dal ricercatore statunitense fa risalire qualsiasi iniziativa a una motivazione interna. Hai fame? Lotterai per ottenere del cibo.

Vuoi acquistare casa? Potrai optare per una nuova carriera professionale.

Ti interessa farti nuovi amici? Ti iscriverai in palestra! Insomma, ogni attività deriva da un spinta emotiva, la quale dipende a sua volta da una mancanza.

Perché è importante abbracciare una visione dell'essere umano basata su un ciclo bisogno>azione>soddisfazione?

Ebbene, se desideri mettere in pratica le tue skills da manipolatore mentale, dovrai comprendere quali sono le più profonde e radicate esigenze del tuo interlocutore.

Solo in questo modo, infatti, sarai capace di fare leva su di esse per proporre alla controparte una risposta coerente e convincente (in grado di portare benefici anche a te).

La prossima volta che sentirai la necessità di persuadere un individuo, cerca di rispondere alla seguente domanda: "qual è il livello della gerarchia in cui collocare la persona che mi sta davanti? Come posso servire su un piatto d'argento una soluzione al suo bisogno?".

L'incisività delle tue proposte sarà nettamente superiore, e tu otterrai con maggiore facilità quanto desideri.

Prova a rispondere alle seguenti domande:

•   Quali sono i bisogni che, nella tua fascia di età, pensi possano avere il sopravvento sugli altri?

•   Cerca nella tua esperienza personale un esempio che confermi la gerarchia di Maslow: qual è stata la natura della mancanza che ti ha spinto all'azione? Quale pensi possa essere il tuo gradino di appartenenza?

•   Prova ad analizzare una persona a te prossima (un amico, un familiare o un collega): qualora dovessi soddisfare i suoi bisogni di stima – approssimandoti a quelli di autorealizzazione (livello 4 e 5 della piramide) – quali vantaggi potresti ottenere?

CAPITOLO 12
Mettiamo in pratica

Prova a mettere in pratica tutto quello che hai appreso in questo libro intraprendendo una conversazione con sconosciuti: sarà molto più facile provare ad indovinare che tipo di persona hai di fronte e quindi utilizzare le tattiche di conversazione efficace quando non sai con chi stai parlando e non c'è nessun peso emotivo nella conversazione.

Un secondo esercizio potrebbe essere quello di scegliere consapevolmente lo sconosciuto da approcciare: prova a fare un'ipotesi mentale su una certa persona che osservi attorno a te, magari al bar o in piazza, e poi cercadi analizzare la persona da te prescelta per scoprire se le tue supposizioni erano vere o false.

In questo modo, scoprirai se la tua capacità di leggere il linguaggio non verbale funziona o meno.

Prova anche ad ascoltarti: registra i tuoi discorsi magari con un amico, o in una situazione a te familiare.

Riesci a mettere in pratica le tecniche che hai studiato? Quanto è semplice / complesso il tuo discorso? Riesci a menzionare esempi o aneddoti sotto forma di storie interessanti? Tutti questi dettagli faranno la differenza quando ti troverai a lanciare una conversazione persuasiva in meno di dieci minuti.

Fai anche caso all'effetto che provocano le tue domande.

Riesci, tramite domande aperte, a portare il tuo interlocutore esattamente dove vuoi, fare breccia nel suo mondo, indurlo a interagire con te e fargli ampliare il discorso?

Ecco un altro segreto per manipolare efficacemente il tuo ascoltatore: quando ascoltiamo una nuova idea, il nostro cervello tenderà a rilassarsi se percepisce informazioni familiari.

Siamo cioè più ricettivi se le nostre credenze di partenza su un certo argomento vengono in qualche modo confermate.

Organizza perciò i tuoi discorsi in modo da confermare il più possibile le opinioni, i pregiudizi e le strutture mentali del tuo ascoltatore.

Trucchi utili

1. Quando un gruppo di persone ride, normalmente i membri del gruppo si girano verso le persone che sentono o a cui vorrebbero essere più vicine.
Coloro che vi guardano durante l'atto di ridere sono quelli che desiderano stringere un rapporto con voi.

2. E' utile masticare un chewing-gum o mangiare qualcosa quando si sta facendo un'azione che ci rende nervosi; una parte primitiva del cervello vi porterà a pensare che siete al sicuro perché state mangiando.

3. Se qualcuno si arrabbia con voi e voi rimanete calmi molto probabilmente lui si arrabbierà ancora di più, ma in un secondo tempo si sentirà in colpa per essersi arrabbiato.

4. Se fate una domanda a qualcuno e vi risponde solo in modo parziale, mantenete il contatto visivo senza dire una parola. L'interlocutore capirà che la risposta precedente non è esaustiva e continuerà a parlare.

5. Le espressioni delle emozioni sono la causa stessa delle emozioni. Se volete essere felici sorridete più che potete.

6. Non scrivete o dite "penso" o "credo" sono due modi di dire molto comuni e quindi risultano distaccati e poco confidenziali.

7. Prima di un colloquio immaginatevi di essere vecchi amici del vostro interlocutore.
Voi sarete più a vostro agio nella situazione ed il vostro comfort sarà contagioso.

8. Se vi fate vedere felici ed entusiasti quando incontrate qualcuno, questi al vostro prossimo incontro saranno ancor più felici ed entusiasti di vedervi! (I cani lo fanno sempre).
9. Porte in faccia: le persone saranno più predisposte a darvi un piccolo aiuto quando ve ne avranno precedentemente negato uno più grande o due prima.

Chiedete un favore molto grande che in realtà non vi interessa, per poi ottenere un favore di entità minore.

10. Gli effetti fisici dello stress sono gli stessi dell'esaltazione (battiti di cuore, respiro affannato) se riuscite a mutare l'evento che vi spaventa con una sfida passerete dallo stress ad una condizione esilarante.

11. Se siete in un incontro di gruppo e vi aspettate di essere ripresi ed attaccati sedetevi di fianco a loro, perderanno l'atteggiamento mentale che li fa sentire sicuri di attaccarvi.

12. Se date l'impressione di sapere esattamente cosa state facendo le persone si raduneranno attorno a voi.

13. Se lavorate ad un servizio clienti o reclami mettete uno specchio dietro di voi, le persone saranno più gentili, non amano vedersi arrabbiate e con un aspetto "da pazzi".

14. Quando incontrate qualcuno cercate di notare il suo colore degli occhi, vi apprezzerà di più per il maggiore contatto visivo.

15. Quando siete al primo appuntamento fate qualcosa di eccitante insieme, non necessariamente in senso erotico, verrete associati a quell'emozione.

16. Quando le persone parlano con voi date un'occhiata ai loro piedi, se puntano lontano da voi significa che la persona con cui state parlando vuole finire la conversazione.

Conclusione

Tutti noi utilizziamo la manipolazione nella vita di tutti i giorni: chi più e chi meno.

Cerca di usare la persuasione in modo etico.

Molti credono che si possa imparare e credono di poter influenzare tutti, così come dirlo: come se fosse una pozione magica da lanciare a qualcuno che poi diventerà il suo personalissimo schiavo mentale.

Una cosa del genere potrebbe esistere nei film o nei libri di fantasia, ma nella realtà ci vorrà molto lavoro, molto sforzo per influenzare una persona.

Comunque, la maggior parte della preparazione viene fatta imparando i principi della persuasione.

È semplice leggere un libro o seguire un corso sulla persuasione: la parte difficile è mettere in pratica ciò che si è appreso.

Un buon modo per diventare un maestro della persuasione è concentrarsi su una tecnica specifica alla volta.

Ti dai una settimana in cui ogni azione è volta ad utilizzare quella determinata tecnica, così entra direttamente nel tuo subconscio e verrà in automatico.

Pensa a come usare la persuasione.

Cosa vuoi ottenere? Cosa ti motiva?

Avere degli obiettivi tangibili e concreti aiuterà la tua mente subconscia a concentrarsi sulle informazioni rilevanti e a filtrare ciò che non serve al tuo scopo.

Un'altra cosa da tenere a mente è avere obiettivi positivi, mai negativi.

Quindi invece di non far fare qualcosa a qualcuno, fai fare altro.

Questa è un'ottima regola perché la mente subconscia non riconosce la negazione.

Il vero problema si pone quando questi tratti sono parti dominanti della vostra personalità.

È importante per le vittime essere consapevoli che si può sempre cambiare.

È più facile cambiare come vittima che come manipolatore.

La prima cosa da fare è riconoscere i segnali di manipolazione negli altri.

La seconda cosa è capire cosa ti rende suscettibile alla manipolazione.

La terza cosa è capire quale tecnica sta usando con te il manipolatore. L'ultimo step sarà imparare le strategie di resistenza e metterle in pratica.

È labile il confine tra il bene e il male, ogni essere umano dentro di se è paradiso e allo stesso tempo inferno, è l'angelo che lotta per la luce ma contemporaneamente il demone che brama le tenebre.

Chiunque tu sia, ti auguro di essere la versione migliore di te stesso.

- Alexander Höfler